KB107020

미국은 왜

지은이 이성대

JTBC 기자다. 2004년 세계일보 기자로 시작해 2011년 JTBC 개국 멤버로 합류했다. 기자 생활 20여 년 대부분을 국내 정치와 국제 관계 분야를 취재했다. 정치부에서 세 번의 대선과 네 번의 총선을 지켜봤다. 문재인 정부 '청와대' 출입 기자로 두 번의 북미 정상회담과 세 번의 남북 정상회담을 보도했다. 국제외교안보부장으로 미중 경쟁, 이스라엘 하마스 전쟁, 우크라이나 전쟁 등을 다뤘다. JTBC의 대표 정치 프로그램 〈정치부회의〉 〈썰전 라이브〉 등에 출연했다. 손석희 앵커 시절, 정치 현안을 날카롭지만 유쾌하게 풀어내 화제를 모았던 〈비하인드뉴스〉를 기획하고 초대 진행을 맡았다. 이달의 기자상, YMCA 좋은방송 대상, 민언련 좋은방송상 등을 수상했다. 한국외국어대학교 영어과를 졸업하고 연세대학교에서 국제학 석사 학위를 받았다. 그리고 프로야구 타이거즈 팬이다.

미국은 왜

초판 1쇄 발행 2024년 6월 17일 | 지은이 이성대 | 발행인 박윤우 | 편집 김송은 김유진 박영서 성한경 장미숙 | 마케팅 박서연 이건희 정미진 | 디자인 서혜진 이세연 | 저작권 백은영 유은지 | 경영지원 이지영 주진호 | 발행처 부키(주) | 출판신고 2012년 9월 27일 | 주소 서울시 마포구 양화로 125 경남관광빌딩 7층 | 전화 02-325-0846 | 팩스 02-325-0841 | 이메일 webmaster@bookie.co.kr | ISBN 979-11-93528-17-4 03300

※ 잘못된 책은 구입하신 서점에서 바꿔 드립니다.

만든 사람들 디자인 디박스 | 편집 장미숙

미국은  왜

역사, 세계전략, 동맹, 트럼프까지 미국을 현실적으로 이해하기 위한 18가지 질문

이성대 지음

부·키

*

위트와 통찰력으로 미국을 이해하는 실마리를 제공한다

김동연 (경기도지사)

우리는 미국을 얼마나 이해하고 있을까? 고차방정식처럼 복잡해지는 오늘날 국제 관계 속에서도 미국은 여전히 강력한 패권을 유지하고 있다. 알다가도 모를 나라, 미국을 이해하기란 쉽지 않지만 그만큼 중요하고 또 필요한 일이다.

미국에서 정책학 공부, 세계은행(IBRD) 프로젝트 매니저, 무엇보다 경제부총리로 마무리한 34년의 경제 관료 생활 전반에서 미국은 끊임없는 탐구의 대상이자 뗄 수 없는 파트너였다. 수십 년간 경험해 온 미국의 다층적이고 복잡한 면모를 이 책을 통해 다시 한 번 확인하게 된다.

국제 외교 안보를 깊이 취재해 온 이성대 기자의 질문과 분석에는 위트와 통찰력이 함께 담겨 있다. 국제 정치의 중요한 분수령이 될 올해 미국 대선을 앞두고, 미국을 이해할 실마리를 흥미롭게 제시해 주는 반가운 책이다.

미국에 대해 정말 궁금했던 것을 짚어 냈다

손석희 (전 JTBC 뉴스룸 앵커·일본 리츠메이칸 대학 객원교수)

토머스 제퍼슨 대 알렉산더 해밀턴. 이 책에서 가장 흥미롭게 읽은 부분이다. 2달러와 10달러 지폐의 주인공들로 미국 역사를 이렇게 쉽고도 재미있게 풀어내다니! 그런데 이건 내 경우다. 다른 독자들에게는 또 다른 부분이 나처럼 흥미로울 것이다. 책 속의 소제목만 봐도 그동안 미국에 대해 정말 궁금했던 것을 잘도 짚어 냈다 싶다. 잘 읽었다. 그것도 단번에. 오랜만에 지적 호기심을 충족시키는 책이다. 이성대는 유능한 기자일 뿐 아니라 유익한 이야기꾼이란 걸 회사를 떠난 다음에야 알게 된 것이 아쉽다고나 할까.

*

미국의 바뀐 셈법은 무엇이고 미국은 어디로 가는가

위성락 (국회의원·전 러시아 대사)

한국은 분단된 후 4강에 둘러싸인 나라이다. 한국이 이러한 지정학을 헤쳐 나가는 데 있어서 유일 동맹인 미국과의 관계는 무엇보다도 중요하다.

미국은 냉전, 탈냉전, 신냉전을 거치며 지속적으로 변해 왔다. 냉전시기 미국은 국경과 시장을 열어 동맹의 성장을 돕고 안보적 결속을 강화하는 전략을 구사했다. 그렇게 하여 자유주의 국제 질서를 구축했다. 그러나 그런 미국은 사라진 지 오래다. 지금의 미국은 자국 중심주의로 이행하면서 미중 경쟁, 미러 대립을 이끌어 가고 있다. 더욱이 다가오는 2024년 11월 미국 대선은 더 큰 변화를 일으킬 소지가 있다. 이 모든 일이 한반도에 지대한 영향을 미친다.

우리가 이러한 여건에 잘 대응하려면 미국의 바뀐 셈법은 무엇이며 이것이 왜 나왔는지, 앞으로 미국은 어디로 가는지를 잘 헤아려야 한다. 그래야 한국의 지정학적 입지와 변화하는 대외 정세에 걸맞은 대처를 할 수 있다.

이 책은 미국이 지금의 자리에 오르기까지 해왔던 선택들, 그리고 현재 무엇을 원하고 어떤 전략을 추구해 나가고 있는지를 담고 있다. '왜'라는 질문을 던지며 과거 미국의 선택을 하나하나 흥미 있고 날카롭게 해석하고, 미래의 미국은 어떠한 선택을 해나갈 것인지 독자에게 선명하게 제시한다.

미국이 만들어 온 국제 정치의 흐름을 파악하는 것이 중요한 이 시점에 모두가 쉽게 접할 수 있는 책이 나와 반갑기 그지없다. 이 책이 변화하는 정세와 변화하는 미국이라는 흐름 속에서 한국의 대응 전략을 만들어 나가는 데 유용한 담론을 촉발하기를 기대한다.

미국 외교의 핵심 이슈를 심도 있게 다룬 수준 높은 해설서

윤영관 (전 외교통상부 장관·서울대 명예교수)

올해 미국 대선은 미국 국내뿐 아니라 한국 및 세계 질서에 심대한 영향을 미칠 것이다. 그래서 11월 미국 대선을 전 세계가 주목하고 있다. 이 책은 미국이 어떻게 최강대국 지위에 올라섰는지, 그 지위를 유지하기 위해 어떤 외교를 펼치고 있는지, 미국의 외교가 때때로 어떻게 흔들리는지를 설명하는 수준 높은 해설서다. 복잡하고 전문적일 수 있는 주제들을 일반 독자들이 이해하기 쉽게 이야기 스타일로 재미있게 풀어냈다. 그러면서도 미국 외교와 관련해 중요한 핵심 이슈를 심도 깊게 파헤쳤다. 고민과 성찰을 많이 한 20년차 저널리스트의 내공이 드러나는 책이다.

차
례

알고 보면 이상한 구석이 많은 나라다

미국은 미터 대신 야드를 쓴다. 자기네만 즐기는 스포츠도 따로 있다. 정치 양극화가 심각하지만 그렇다고 정치 제도나 게임의 룰을 마구 뜯어고치지는 않는다. 외교부란 명칭이 없고 국제관계의 문법도 다르다. 바깥 세계와 철저히 담을 쌓고 지내는가 하면 지구 구석구석까지 군대를 보내기도 한다. 이처럼 국제 표준과 동떨어진 갈라파고스섬 같은 예외적 DNA를 간직하면서도 강력한 패권을 유지해 왔다. '이상한 정상국가'라고 생각하면 크게 틀리지 않을 것이다.

미국은 능력도 출중한데 운까지 억세게 좋은 나라다. 불과 250년 정도밖에 되지 않은 짧은 역사를 가진 신생국이 전 세계 곳곳에서 영향력을 행사하는 슈퍼파워가 된 것은 실력과 더불어 행운이 따라 주지 않았으면 불가능했을 것이다. 미국은 자신에게 유리하도록 판을 짜거나 고비마다 묘수를 찾아내 세계 최강국에 오르고 그 지위를 지금껏 이어오고 있다.

이 때문에 미국인은 물론 미국에 우호적인 일부 국가에서도 '미국은 원래 특별하다'는 이른바 미국 예외주의exceptionalism 경향을 나타내기도 한다. 하지만 예외주의보다는 '운칠기삼'에 가까워 보인다. 미국이 탁월한 능력을 갖춘 건 분명하나 지금의 반열에 오르는 데는 운이 크게 따랐기 때문이다.

미국은 때때로 이랬다저랬다 하고 가끔은 갈팡질팡한다. 다른 나라 일에 과도하게 개입해 제국주의라는 비판을 받기도 하지만, 툭하면 은둔형 외톨이처럼 고립주의 성향을 보이기도 한다. 과거에는 '글로벌 패권국이라면 손해 좀 보더라도 어쩔 수 없지' 하는 마인드였다면, 지금은 '패권국인데 왜 손해를 봐야 해' 하는 식으로 행동하기도 한다. 이 때문에 미국의 경쟁국은 물론이고 동맹국도 근심스러울 때가 많다.

미국의 패권이 언제 끝날지는 전 세계의 관심사다

다수의 저명 학자가 미국의 패권이 머지않아 끝날 것이라고 전망했다. 냉전이 시작될 때도 냉전이 끝났을 때도 그랬다. 독일과 일본이 경제적으로 급부상할 때도 미국 위기론이 팽배했다. 근래에 중국이 무섭게 부상하자 이번에야말로 확실하다는 목소리가 크다. 마치 인디언 기우제 지내듯이 미국의 패권이 쇠락할 때까지 미국 위기론은 끝나지 않을 것 같다.

그러나 지금까지의 상황은 정반대다. 미국은 경쟁자들의 거센 도전을 차례대로 뿌리치며 슈퍼파워의 위치를 더 견고하게 다지고 있다. 조지프 S. 나이는 미국의 시대는 당분간 끝나지 않는다고 단 언했다. "미국의 세기가 탄생한 연도는 1941년(2차 세계대전에 참전하기로 결정한 시점)이고, 사망 연도는 아직 미정"이라는 것이다.

이런 점에서 2024년 11월의 미국 대선은 특히 중요한 이벤트다. 조 바이든 대통령과 도널드 트럼프 전 대통령은 4년 만에 다시 세기 의 대결을 펼친다. 누가 이기느냐에 따라 미국이 패권을 행사하는 방식이 상당히 달라질 수 있으나 패권 자체는 더 단단해질 가능성 이 있다. 선거 결과에 따라 국익을 우선하는 기조도 쉽게 사라지지 않을 수 있다. 결국 외계인이 쳐들어오거나 행성 충돌 같은 천재지 변으로 지구가 멸망하기 전까지 미국의 패권이 유지될지도 모른다. 이쯤 되면 질문을 바꿔야 하는 게 아닐까. 미국의 패권은 어떻게 시 작되었을까?

우리나라는 특히 미국에 관심이 많다

다른 어느 나라보다 미국에 대한 뉴스는 넘친다. 그러나 정작 미국을 제대로 알지 못할 때가 많다. 나도 그 중 한 사람이었다. 미국을 모른다고 생각한 건 몇 해 전 '청와대'로 불리던 곳을 취재할 때부터다. 당시 도널드 트럼프 미 대통령이 현란한 개인기를 펼치며 매일같이 톱 뉴스를 장식했다. 사상 첫 북미 정상회담이 열리면서 전 세계가 한반도를 주목하던 그때다. 트럼프의 트위터 한 줄에 막힌 혈이 뚫리듯 일이 풀리기도 했지만, 다 된 밥상을 엎는 경우도 있었다. 미국이 변덕을 부리면 그 파장이 힘이 약한 나라일수록 크게 다가온다는 것을 실감했다.

미국을 좀 더 자세히 들여다보게 된 건 미국 연수 시절부터다. 트럼프가 집권하던 때였는데 동네 도서관 사서나 이웃 주민, 싱크탱크의 전문가, 여행지에서 만난 남부 출신 백인, 지역 커뮤니티의 히스패닉 등 하나같이 트럼프라면 고개를 저었다. 대통령제를 발명하고 정치 민주주의 제도를 정착시킨 나라가 오히려 내부에서는 대통령 때문에 일상적인 민주주의 위기에 시달리고 있었다.

그렇기는 해도 눈을 들면 푸른 하늘이 끝없이 펼쳐지고 고개를 숙이면 짙은 초록색 잔디밭이 이어지던 워싱턴 D.C. 근교의 풍경을 바라보고 있자면, 미국은 스스로 인식하지 못할 정도로 가진 것이 너무 많은 나라라는 생각이 들었다. 미세 먼지로 탁한 하늘과 회색

콘크리트로 덮인 서울과 비교하면 딴 세상 같을 정도로 말이다.

본격적으로 책을 써 보기로 마음먹은 건 대학원에서 국제관계를 공부하고 언론사에서 국제외교안보부장을 맡으면서부터다. 국제관계 이론이나 전문가들의 통찰을 접하고 국제 뉴스를 취재하고 보도하면서 미국에 대해 가졌던 추상적인 인식이 차츰 구체화됐다. 따로 떨어진 개별 이슈가 나중에 보니 미국이란 공약수로 수렴되기도 했다. 이럴 때마다 미국을 둘러싼 다양한 궁금증을 글로 정리해 보면 어떨까 하는 생각이 들었다. 마치 머릿속에서 맴돌던 노래 제목을 몰라 답답해하다가 퍼뜩 떠올랐는데 다시 잊어버리기 전에 적어놓자는 심정이랄까.

그래서 다시 미국은, 알수록 신기한 나라다

이 책은 미국이 지금의 위치를 차지하고 오랫동안 패권을 유지할 수 있었던 배경을 집중적으로 살펴본다. 어떻게 이른바 '천조국'(한 해 국방비만 1000조 원에 달할 정도로 독보적인 강대국이란 뜻이다)이 될 수 있었는지, 어떻게 실력과 행운을 결합해 나라 발전에 활용했는지, 어떻게 국제관계 질서를 설계했는지 등을 구체적으로 따져 본다. 반대로 미국의 정치 제도가 얼마나 허술한지, 대외 정책이 얼마나 즉흥적인지도 짚어 본다. 이런 미국을 상대해야 하는 우리나라의 처지도 되돌아본다. 이 분야의 기존 책들은 대개 학술적인 글쓰기가 많아

일반 독자가 다가가기에 어려움이 있었다. 되도록 글을 쉽고 재밌게 써보려고 했는데, 막상 책이 나오니 독자들께 제대로 전달될지 불안감도 없지 않다.

마지막으로 이 글이 세상에 나오기까지 도움을 준 분들이 많다. 방향을 잡아 주고 적극 독려해 준 출판사 부키의 박윤우 대표님, 이런저런 아이디어를 제공해 준 정희용 이사님, 꼼꼼하게 원고를 다듬어 준 장미숙 편집자님이 그들이다. 사랑하는 하준과 하리, 지금껏 함께했고 앞으로도 함께할 지희에게도 고마움을 전한다.

1부

왜 미국에서는
사극보다 정치 드라마가
인기일까

'사극의 민족' 대한민국

우리나라는 단언컨대 사극의 민족이다. 사극 드라마는 웬만하면 망하지 않는 흥행 보증 수표다. 여론조사 업체가 한국인이 좋아하는 프로그램을 조사하면 사극이 늘 상위권에 오른다. 한국 영화에서도 사극은 힘이 세다. 역대 한국 영화 흥행 1위는 이순신 장군의 명량대첩을 그린 〈명량〉(2014년 개봉)인데, 최종 관객 수 약 1762만 명이 10년이 지나도 깨지지 않고 있다. 오죽하면 지난 2022년 대선 당시 어떤 후보는 공영방송 정상화를 위해 KBS

가 〈태종 이방원〉 같은 사극을 의무 제작하도록 하겠다는 공약을 내놓기도 했다.

반면에 우리나라는 정치 드라마가 별로 인기가 없었다. 동서고금을 막론하고 희로애락, 모략과 협잡, 희생과 권모술수가 모두 들어 있는 분야가 정치다. 권력 투쟁 과정에서 서로 다른 권력 의지가 맞부딪히며 때로는 성공하고 가끔은 좌절하는 서사는 재미가 없으려야 없을 수 없는 세계다.

그런데 과거 〈내 연애의 모든 것〉 〈대물〉 같은 작품이 현실 정치를 내세웠지만 결국 '여의도에서 연애하는 이야기'로 끝나는 K-드라마 문법을 따르며 정치는 말 그대로 배경으로만 쓰였다. 〈제5공화국〉 같은 공화국 시리즈, 미드 스타일 〈보좌관〉 〈어셈블리〉 등은 현실 정치를 보다 전면에 내세우며 마니아층의 인기를 끌었지만 상업적으로 큰 성공을 거두지 못했다. 오히려 〈하얀거탑〉이나 〈밀회〉처럼 의학이나 불륜 로맨스로 포장한 작품이 정치의 정수를 적나라하게 풀어내며 더 주목을 받았다.

민주당을 민주당이라 부르지 못하는
K-정치 드라마

현실 정치(지금-여기)를 다룬 콘텐츠가 대체로 성공하지 못하는 건

　　　　　　　1부 | 둘 때마다 신의 한 수! … 미국의 탄생

한국 정치가 여전히 식지 않은 마그마처럼 열기를 분출하고 있기 때문이다. 한국 정치가 너무 첨예하고 날카롭기 때문에 직접 묘사가 부담스러운 콘텐츠인 셈이다.

예컨대 등장인물을 '국민의힘'(또는 그 전신인 자유한국당, 새누리당, 한나라당, 신한국당 등)이나 '더불어민주당'(또는 그 전신인 새정치민주연합, 민주통합당, 열린우리당, 새천년민주당 등) 소속으로 설정해 보라. 방송 전부터 왜 주인공이 특정 정당 소속인지, 왜 대통령을 사실과 다르게 묘사하는지, 왜 어느 정당 소속 캐릭터는 비열하거나 권력 투쟁에 능한 정치꾼으로 묘사하는지 등을 놓고 논란이 생길 게 뻔하다. 각 당의 지지자들이 방송심의위원회에 민원을 넣거나 "근조 ○○○ 방송사" 리본을 단 근조 화환이 방송사 앞에 즐비할 것이다. 아예 방송 자체가 불가능할지도 모른다. 현실 정치를 다룬 작품이 '민한당' '민생당' '국중당' 식으로 변형된 당명을 쓰는 것도 이 때문이다.

결국 현실 정치를 다룬다면서 정작 사실성을 담보해 주는 실존 정당인 '민주당' '국민의힘' 같은 이름조차 쓰지 못하니 서사의 현실성은 한참 뒤떨어지게 된다. 정치적 민감성을 피하기 위한 어쩔 수 없는 선택이겠지만, 이 때문에 K-정치 드라마는 유독 비현실적 느낌이 두드러진다.

하지만 역사 속(그때-거기) 실존 인물이나 붕당을 권력 투쟁에 능한 정치꾼으로 묘사해도 별다른 논란이 생기지 않는다. 술자리에서 정치 얘기를 하다가 싸움이 나는 건 흔하지만 누가 세자빈을 죽였는지, 소론 노론 중 누가 왕권을 차지해야 하는지를 놓고 멱살잡이를 하는 일은 없다. 과거에는 첨예한 갈등과 대립이었겠으나 시간이란 필터를 거치면서 현실감이 없어졌기 때문이다. 그래서 우리나라에서는 사극이 정치 드라마 역할을 대신한다.

미국은 그런 면에서 다르다. 우리나라가 사극이란 장르를 통해 현실 정치를 언급한다면, 미국에서는 역사극이 정치 드라마를 대신하지 않는다. 역사물은 하나의 장르로서 존재하며 인기도 있으나 우리와 달리 권력 투쟁의 스펙터클보다 블록버스터급 볼거리에 더 충실하다. 전 세계적으로 엄청난 인기를 끌었던 〈왕좌의 게임〉〈반지의 제왕〉은 판타지 소설의 비주얼을 상상 이상으로 구현해 내지만, 미국의 정통 역사를 배경으로 하지는 않는다. 서부 개척이나 남북전쟁을 배경으로 한 시대극은 말 그대로 시대적 배경에 충실할 뿐 정치적 내용을 덧붙이는 경우는 드물다.

우리나라처럼 현실 정치를 반영하는 매개로서 사극이 활용되지 않는 건 역사라는 '시간의 필터링'을 사용하지 않아도 현실 정치를 드라마로 보여 줄 수 있기 때문이다. 미국에서는 초대 대통령 워싱턴 시대를 배경으로 한 역사극보다 워싱턴 D.C.를 배경으로 한 〈하우스 오브 카드〉〈웨스트윙〉〈지정 생존자〉〈홈랜드〉 같은 현실 정치 드라마가 더 인기 있다.

이들은 '민주당' '공화당' 같은 실제 정당을 그대로 배경으로 삼는다. 정치 드라마는 아니지만 미드 〈뉴스룸〉은 공화당을 아예 대놓고 비판하기까지 한다.

마치 '아버지를 아버지라 부르지 못하는' 처지와 비슷한 우리나라 정치 드라마 감독 입장에서는 부러울 법하다. 어떻게 미국 드라마는 한국과 달리 현존하는 정당 이름을 거리낌 없이 사용할 수 있을까. 왜 각 당의 지지층이 방송심의위원회에 민원을 넣거나 방송사 앞에서 "방영 즉각 중단하라" 같은 피켓을 들거나 "근조 넷플릭스" 리본을 단 화환을 보내는 일이 일어나지 않을까. 우리나라 못지않게 정치 양극화가 심각한 나라인데도 말이다. 그 이유를 살펴보려면 우선 인류 역사상 최초의 대통령인 조지 워싱턴 시절로 거슬러 올라가야 한다.

워싱턴은 왜 대통령 달리기에서
항상 1등을 차지할까

몇 해 전 미국에서 연수 생활을 할 때 워싱턴 D.C.에 있는 야구장에 간 적이 있다. 이곳을 연고지로 삼은 워싱턴내셔널즈가 홈구장으로 쓰는 곳이다. 5회 말이 끝나자 운동장 정비 타임에 맞춰 프레지던트 레이스 이벤트가 열렸다. 조지 워싱턴, 에이브러햄 링컨, 토머스 제퍼슨, 프랭클린 루스벨트 등 전직 미국 대통령

여 워싱턴내셔널즈가 홈구장으로 쓰는 워싱턴 D.C.의 야구장.　　　　출처: 직접 촬영
여 5회 말이 끝난 후 운동장 정비 시간에 맞춰 프레지던트 레이스 이벤트가 열린다.

의 가발을 쓴 사람들이 나와 달리기를 하는 것이었다. 역대 미국 대통령에 대한 존경하는 순위를 매기면 항상 상위권을 차지하는 네 명이 서로 앞서거니 뒤서거니 레이스를 펼친 끝에 1등으로 골 인하는 사람은 초대 대통령 워싱턴이었다. 이에 관중은 큰 박수 를 보냈다. 우리나라에서는 상상할 수 없는 이벤트를 보면서 즐 거워하는 미국 관중이 무척 부러웠던 기억이 난다.

들자 하니 1등은 늘 워싱턴 몫이라고 한다. '당연하겠지, 워싱 턴의 홈그라운드니까'(도시 이름이 무려 워싱턴이다)라고 생각했다. 그런 데 노예를 해방시킨 링컨, 루이지애나를 매입해 초강대국의 초석을 닦은 제퍼슨, 대공황을 극복하고 2차 세계대전을 승리로 이끈 루스벨트 등 내로라하는 경쟁자들을 제치고 워싱턴이 항상 1등을 놓치지 않는 건 단지 홈그라운드의 이점 때문일까? 아니다. 워싱턴을 빼놓고는 미국이란 나라를 생각할 수 없기 때문이다.

미국은 대통령제를 발명한 나라다. 지금이야 대통령제를 채택한 나라가 많지만 당시만 해도 듣도 보도 못한 생소한 제도였다. 유럽이나 아시아는 대부분 왕정 체제였기에 대통령제를 이해하는 게 쉬운 일이 아니었다. 그래서 미국인들도 '프레지던트'를 이름만 바꾼 '킹'으로 받아들이기도 했다.

미국은 대통령제를 도입하며 절대 권력의 임기를 제한하는 전례 없는 실험에 나섰는데, 마침 그 실험이 단 한 번에 성공했다. 사극에 나올 법한 피로 얼룩진 권력 투쟁과 숨 막히는 권력 암투 대신 평화롭게 정권교체에 성공한 것이다. 그것도 시행착오 없이 초기부터 말이다. 그게 바로 초대 대통령 조지 워싱턴의 가장 큰 업적이다.

진정한 국부의 탄생
"권력을 포기하는 게 가능해?"

미국 건국의 주역 중 한 명이자 초대 재무장관을 지낸 알렉산더 해밀턴의 일생을 다룬 뮤지컬 〈해밀턴〉에서 '개그 캐릭터'로 나오는 영국 왕 조지 3세는 워싱턴이 대통령직에서 물러난다는 소식을 듣고 이렇게 노래한다. "조지 워싱턴이 권력을 포기하고 사직한다는데 그게 사실인가? 인간의 힘으로 가능한 건 줄 몰랐네. 정말 놀라워. (미국은) 지도자를 계속 교체할 생각인가. 다다닷다야다~?"

워싱턴이 지금까지 추앙받는 건 바로 권력의 정점에서 스스로 물러났기 때문이다. 워싱턴은 처음이자 마지막으로 만장일치로 당선된 대통령이다. 두 번째 임기가 끝났을 때도 지지율이 높았고 많은 사람이 계속 통치하기를 바랐다. 그러나 워싱턴은 장기 독재를 우려해 스스로 자리에서 내려왔다. 이로써 4년씩 두 번, 최대 8년이라는 대통령 임기 전통을 만들어 냈다. 다만 법으로 정한 게 아니라 관례였다. 그 후 100년 넘게 이 전통이 이어졌지만 루스벨트가 2차 세계대전을 이유로 무려 4선을 하며 '국룰'을 깨 버렸다. 그래서 1951년 대통령직은 1회에 한하여 중임할 수 있다는 수정헌법 22조가 발효됐다.

1700년대 후반까지만 해도 통치자에게 임기가 있다는 건 상상할 수 없는 일이었다. 뮤지컬 속 조지 3세가 "지도자를 계속 교체할 생각이냐"며 의아해하는 것도 무리가 아니다. 비단 영국 왕만 그랬을까. 당시 미국민들 대다수는 워싱턴이 '프레지던트'란 이름의 왕으로 군림할 줄 알았을 것이다.

그런데 워싱턴은 스스로 임기를 제한함으로써 선출된 권력의 한계를 분명히 하는 게 바로 대통령제의 본질임을 증명했다. 권력의 주인은 국민이라는, 말 그대로 '민주주의' 제도의 초석을 닦은 셈이다. 건국 초기에 제도가 갖추어지자 200년이 넘도록 크게 바뀌지 않고 지금에 이르렀다. 그 덕분에 독재나 쿠데타 같은 정치적 위기가 발생하지 않았다. 지금도 세계 곳곳에 장기 집권과 일당 독재, 이에 반발한 군사 쿠데타가 빈번한 '무늬만 대통령제' 국가가 많다는 점에 비춰 볼 때 미국의 성공이 얼마나 대단한지 알 수 있다.

이 때문에 다음과 같은 평가도 나온다. "어느 국가든 위기는 있게 마련이다. 그 위기는 대체로 국가가 성립되는 과정이나 그 초기에 일어난다. 그런 점에서 미국은 예외였다. 초대 대통령 워싱턴을 중심으로 의외로 단단한 결집을 보여 줬기 때문이다. 1800년 3대 대통령으로 토머스 제퍼슨이 당선되면서 평화로운 정권 교체가 이뤄졌다. 이 모두가 미국으로서는 행운이었다."[1]

이처럼 조지 워싱턴 이래 미국은 대통령제에 기반한 대의 민주주의 정치 실험을 성공적으로 안착시켰다. 우리나라처럼 굳이 사극의 형식을 빌리지 않고도, '민주당' '공화당'이란 실명을 그대로 사용해 정치 드라마를 만들고도 정치적 논란을 피할 수 있는 배경에는 안정적으로 발전해 온 정치문화가 있었던 셈이다.

따라서 미국에서는 대통령을 지낸 정치인에 대한 자부심이 크다. 미국 역사학자 하워드 진에 따르면 미국의 역사 수업은 흔히 대통령에게 집중된다. 미국 학교에서 자주 볼 수 있는 풍경은 역대 대통령의 초상화가 벽에 가득 걸려 있는 교실에서 선생님이 학생들에게 대통령과 관련된 역사를 가르치는 모습이라고 한다. 하워드 진은 "미국인은 정치 지도자를 신처럼 떠받들고 도처에 초상화를 내걸고 동상을 세우는 다른 나라 사람을 비웃고는 한다"면서도 정작 "미국 문화에서는 대통령의 더없이 사소한 행동을 대단히 중대한 일인 양 간주한다"라고 분석했다. [2]

그래서 미국에서는 우리나라처럼 초대 대통령이 국부國父인지 아닌지 논란이 없다. 워싱턴은 그냥 국부다. 이게 수도 이름이 워싱턴인 이유다. 감히 소련이나 북한도 모스크바나 평양을 스탈린이나 김일성으로 바꾸지 못했는데 미국은 한 것이다.

다만 미국 정치인들이 워싱턴을 너무 존경한 나머지 워싱턴 사후 그를 신의 반열에 올려놓는 모순이 생겼다. 미 국회의사당 돔 천장 한가운데에는 거대한 프레스코화가 그려져 있는데, 워싱턴은 중앙에서 마치 그리스 신화의 제우스처럼 당당하게 앉아 있다. 좌우에는 각각 자유와 승리를 상징하는 여신들이 앉아 있고, 주변에는 연방 정부 초기의 13주를 상징하는 여성이 있다. 이름하여 〈워싱턴의 신격화The Apotheosis of Washington〉란 작품이다. 국민이 주인 되는 나라를 만든 사람을 정작 후대의 국민이 신으로 추앙한 아이러니가 발생한 것이다.

미 국회의사당 내부 천장화 〈워싱턴의 신격화〉.　　　　　　　　　　　　　　출처: 직접 촬영
워싱턴이 마치 그리스 신화의 제우스처럼 한가운데 당당하게 앉아 있다.

민주주의가 발전하는데도 미국에서는 '대통령 영웅화'가 멈추지 않는다. 이런 관행이 약화되기는커녕 오히려 더 강화됐다. 빌 클린턴의 선거 전략가였던 딕 모리스는 "미국은 역사적으로 군주제를 경험해 보지 못했기 때문에 재미있는 오락거리는 할리우드에서 찾으려 하는 반면에 백악관에서는 어떤 위대한 지도자를 기대하는 경향이 있다"라고 말하기도 했다. [3]

프로야구 응원팀처럼 굳어진
지지 정당

미국 대학은 미국사를 미국사 I, II로 나눠서 설명하는데 그 경계가 바로 남북전쟁이다. 특히 미국만의 독특한 양당 체제는 남북전쟁의 산물이다. 1860년 노예 해방을 내건 링컨 대통령이 공화당으로 당선된 뒤 남북전쟁이 터졌고 사실상 이때부터 지금의 민주-공화 양당 체제가 시작됐다. 150년 넘게 두 당이 명칭 한 번 바뀌지 않고 존재하면서 어느새 민주당과 공화당은 미국인의 생활 일부로 자리 잡았다.

어느 정당을 지지할 것인지는 대개 어린 시절 부모님으로부터 영향받는다고 알려져 있고, 한 번 형성되면 비교적 오랫동안 변하지 않고 여러 선거를 걸쳐 지속되며 굳어진다고 한다. [4] 마치 우리나라에서 아버지의 고향이 어디냐에 따라 자녀의 프로야구 응원 팀이 결정되는 경우와 비슷하다.

특히 이는 미국의 투표 성향 분석에서 가장 중요하다고 알려진 정당 일체감Party Identification을 형성하는 배경이 된다. 정당 일체감이란 유권자가 특정 정당에 대해 심리적으로 가깝게 느껴 선거뿐 아니라 정보 수집, 정책 지지 여부 등 정치와 관련된 대부분의 사항을 결정하는 것을 지칭한다.[5] 그러니 정치 드라마를 만들면서 '민주당'을 '민국당'으로 '공화당'을 '국중당'으로 바꾸지 않아도 정치적 논란이 크지 않은 셈이다.

그런데 민주-공화 양당은 명칭만 그대로일 뿐 지지 기반과 텃밭, 정당 이념은 180도 달라졌다. '이름'만 빼고 다 바꾼 것인데, 이렇게 해서 양당은 150년이 넘는 역사를 유지할 수 있었다.

알다시피 남북전쟁은 북부가 이겼다. 이 승리로 북부는 노예제 폐지를 주장한 공화당의 텃밭으로 변했다. 이때부터 북부에서는 공화당이 기업과 중소 상인의 이해관계를 대변하고, 민주당은 주로 유럽에서 건너온 가난한 이민자를 대변했다. 반면에 남부에서는 흑인을 배제한 백인들만의 민주당[6]이 사실상 일당 독재를 했다.

1920년대 시작된 대공황을 거치며 정당의 관심사가 노예제에 대한 찬반보다 경제적 불평등과 이에 대한 연방 정부의 역할론으로 옮겨 갔다. 이런 정치 경제적 변화 속에서 당시 루스벨트 대통령은 이른바 '뉴딜 연합'으로 백인과 흑인, 북부 기업인과 남부 농업인의 지지를 하나로 엮는 데 성공한다. 남북전쟁 이후 사실상 '한 지붕 두 가족'이었던 북부와 남부 민주당을 하나로 규합한 것이다.

그 뒤 1960년대 흑인에게 투표권을 주자는 민권운동이 번지면서 민주당은 이들을 적극적으로 포용하기 시작한다. 사실상 남부 민주당의 보수 성향을 포기하고 이념적으로 진보 입장을 명확히 한 것이다. 이때를 기점으로 링컨의 공화당을 지지해 온 흑인 계층이 민주당 지지로 돌아선다.

그러자 공화당도 가만히 있지 않았다. 1968년 대선에서 닉슨 대통령은 무주공산이 된 남부 백인 표를 공략하기 위해 이른바 '남부 전략'을 시작한 것이다. 공화당은 1980년 레이건을 거치면서 낙태 반대, 이민 제한, 공립학교 기도 부활 등 보수 색채를 선명하게 강화하기 시작했다.

민주당과 공화당을
다 품은 미국인들

이제 과거의 공화당은 민주당이 되고 예전의 민주당은 공화당이 됐다. 그래서 미국 국민도 양당에 대해 중첩된 이미지를 갖는다.

실제로 "구체적인 정책 또는 개별 법안에 대해 미국인 과반수는 민주당의 입장을 지지하지만, 반대로 미국적 가치로 표방되는 커다란 이념적 담론에 대해서는 공화당의 입장을 더 선호한다"라는 분석이 있다. [7] 일반적으로 진보와 보수 정당의 스펙트럼이 거의 겹치지 않는 현대 정당 시스템에 비춰 볼 때 상당히 이례적이다.

특히 미국의 선거조사를 통해 정부 개입의 적정한 수준에 대해 물어보면 미국민의 인식은 진보, 보수의 견해가 35 대 65 정도로 보수에 훨씬 가깝다. 하지만 거시경제 정책은 진보, 보수가 60 대 40, 교육 정책은 70 대 30, 환경 정책은 75 대 25로 진보에 더 가깝다. 결국 평균적인 미국인은 추상적 수준에서는 보수적이고 구체적 정책 수준에서는 진보적이라고 할 수 있다. 공화당과 민주당은 이를 토대로 각각의 포인트를 공략해 왔던 것이다. [8]

이런 점은 미국만의 독특한 정치 문화로 봐야 한다. 우리나라에서 국민의힘과 더불어민주당을 동시에 지지하는 게 가능할지 생각해 보라.

게다가 미국에서는 상대방의 정치 성향을 따지기보다 인정하는 경향이 강하다. 캘리포니아나 뉴욕 사람들은 텍사스를 겨냥해 왜 공화당 후보를 지지하는지 묻거나 불평하지 않는다. 그 반대도 마찬가지다. 그래서 선거 결과는 정치 성향이 이미 구축된 지역보다는 남과 북의 경계 주, 이른바 '스윙 스테이트Swing State'

의 향방에 달려 있다. [9]

이런 흐름이 가능했던 건 남북전쟁이 동족상잔의 비극이었음에도 불구하고 단 한 명도 전쟁의 책임을 지고 처형당하지 않았기 때문이다. 남북전쟁 당시 남부연합 대통령이었던 제퍼슨 데이비스는 전쟁에 패한 뒤에도 목숨을 다할 때까지 남부가 옳았으며, 남부 정신이 부활해야 한다고 외쳤다. 하지만 그 누구도 그를 막지 않았다. [10]

결국 이러한 미국만의 역사가 정치적 관용과 표현의 자유에 대한 인식의 폭을 넓히는 데 긍정적으로 작용했다고 볼 수 있다. 미국에서 사극보다 정치 드라마가 더 인기가 많고, 드라마 속 대통령이 현존하는 공화당 출신으로 설정되거나 멋있는 주인공이 민주당 소속으로 나와도 별다른 정치적 논란이 생기지 않고, 아무도 이상하게 여기지 않게 된 이유도 이와 무관하지 않다.

왜 미국은
부동산 투자에
올인했을까

순간의 선택이
10년을 좌우한다

지금은 LG전자로 바뀐 금성사의 브라운관 TV 광고 카피다. 자기네 제품이 튼튼하다는 것을 강조한 광고지만 인생이 수많은 선택과 그로 인한 후회의 연속이라는 진리를 새삼 느끼게 해 주는 문구다. 그런데 이걸 누가 모르나. 사실은 너무 잘 알아서 별 감흥이 없을지도 모른다.

어디 전자제품뿐인가. 한국 사회에서는 특히 부동산이 10년을 좌우한다. 순간의 선택으로 기대보다 더 많은 보상을 받거나, 예상보다 더 많은 피해를 보는 게 부동산 시장의 특징이다. 대로변 모델 하우스에 우연히 들렀던 친구는 강남 일급지에 입성하지만, 그냥 지나친 친구는 여전히 무주택자로 남아 있게 된다.

그런 점에서 국가야말로 부동산 투자를 잘해야 한다. 단순히 영토를 획정하는 데 그치지 않고 국가 안보와 직결되기 때문이다. 지정학의 대가 니컬러스 존 스파이크먼은 "지리는 가장 영속적이기 때문에 국가의 외교 정책에 있어 가장 근본적인 요소다. 장관은 바뀌고 심지어 독재자도 죽지만 산맥은 동요 없이 그대로 존재한다"라고 분석했다. [11]

국제 정치에서 말하는 지정학이란 쉽게 말해 부동산 투자와 비슷하다. 지리의 힘을 이용해 국가 안보를 극대화하는 것은 목 좋은 곳을 선점하고 투자하는 행위와 다를 바 없기 때문이다.

만약 적은 돈으로 '로또 분양'은 명함도 내밀지 못할 정도의 엄청난 시세 차익을 챙겼다면, 그 나라는 지금쯤 당연히 강대국 반열에 올랐을 것이다. 게다가 다른 경쟁국이 통째로 차지하지 못하게 세계 곳곳에 지분을 보유하고 있다면, 그 나라는 인류 역사상 가장 강력한 슈퍼파워가 될 수밖에 없다. 그런 나라가 바로 미국이다. 미국은 지금의 위치에 올라서는데 두 번의 결정적인 지정학적 투자 기회가 있었고 모두 큰 성공을 거두었다.

전무후무한 부동산 대박
'루이지애나 매입'

개국한 지 200년도 안 된 미국이 이미 1900년대 초 구대륙의 내로라하는 열강을 제치고 초강대국 지위를 차지한 것은 독보적인 입지 선정 능력을 빼놓고는 설명할 수 없다. 미국은 건국 초기 과감한 부동산 투자로 지금과 같은 입지 '끝판왕' 자리에 올랐다고 봐야 한다. 그런 측면에서 미국은 부동산 투자의 귀재라 할 만하다.

대표적인 투자 성공 사례가 바로 루이지애나 구입이다. 미국 3대 대통령이자 건국의 아버지 중 한 명인 토머스 제퍼슨은 1803년에 프랑스로부터 루이지애나 땅을 사들였다. 제퍼슨은 "루이지애나를 소유한 프랑스는 폭풍의 씨눈이다. 이 폭풍은 대서양 양안에 위치한 국가들에 휘몰아치고 그 여파는 그들의 운명에 막대한 영향을 미치게 된다"라고 내다봤다. [12] 그리고 그 예상은 적중했다.

루이 14세의 이름을 딴 루이지애나는 '루이의 땅'이란 뜻이다. 루이지애나는 지금의 루이지애나가 아니다. '재즈의 도시'이자 2005년 카트리나로 수천 명이 죽었던 뉴올리언스가 있으며 미국 50개 주에서 못사는 것으로 늘 상위 5위 안에 드는 남부의 한 주라고만 생각하면 안 된다. 당시의 루이지애나는 멕시코만에 접해 있는 지금의 루이지애나주를 비롯해 아칸소, 오클라호마, 미주리, 캔자스, 네브래스카는 물론 캐나다와 맞닿은 미네소타를 거쳐 서쪽의 로키산맥과 연결된 몬태나까지 아우르는 방대한 땅이다. 스페인, 이탈리아, 프랑스, 영국 그리고 독일을 다 합친 넓이와 비슷하다.

제퍼슨은 이 광활한 영토를 단돈 1500만 달러에 매입했다. 지금 우리 돈으로 환산하면 평당 겨우 0.7원을 지불한 셈이라고 한다.[13] 불과 1500만 달러로 당시 미국 영토를 두 배로 늘리고 서유럽 전체와 맞먹는 땅을 얻게 된 것이다. 인디언이든 프랑스든 스페인이든 그 누구도 북미에서 이런 부동산 투자에 성공한 적이 없다. 이를 두고 미국 역사학자 헨리 애덤스는 "미합중국이 투자 대비 이렇게 많은 것을 얻은 일은 이제껏 없었다"라고 말했다.[14]

미국이 루이지애나를 손에 넣자 나라 살림이 눈에 띄게 폈다. 루이지애나를 남북으로 가로지르는 미시시피강은 풍부한 수량과 운송 능력으로 경제 발전의 초석이 됐다. 미시시피 주변의 평지는 알고 보니 세계에서 가장 비옥한 땅이었다. 미국 농무부에 따르면 전 세계에서 씨를 뿌리기만 해도 자라는 1등급 토지 절반이 미국에 있고 상당수가 이곳에 속한다. 못해도 대부분 3등급 안에 들어간다. 우리나라 곡창 지대인 호남평야가 5등급이라고 한다. 비료를 뿌려야 수확을 기대할 수 있는 수준이다.[15]

정치적으로도 남는 장사였다. 나라가 커지니 국내 정치가 안정되는 효과가 생겼다. 오히려 큰 나라보다 사람들이 다닥다닥 붙어사는 작은 나라에서 지역감정이 더 깊어지기 쉽다. 우리나라를 봐도 알 수 있다. 실제로 제퍼슨은 이렇게 생각했다. "우리 연합체의 규모가 클수록 국지적인 정서에 덜 흔들리게 된다. 어

미국 지도. 미국은 건국 초기 과감한 부동산 투자로 지금의 자리에 올랐다.
대표적인 투자 성공 사례가 루이지애나 구입이다.

출처: 직접 촬영

느 모로 보나 미시시피강 서쪽 지역을 이방인 집안보다 우리 혈육이 차지하는 게 훨씬 바람직하지 않은가?"[16]

입지 끝판왕의
상급지 갈아타기

루이지애나를 손에 넣은 미국은 서쪽으로 내달려 마침내 태평양 앞바다까지 진출했다. 1776년 동북부 대서양 연안에서 독립을 선언한 지 70여 년 만에 대륙 반대편 태평양 연안까지 4828킬로미터나 되는 거대한 대륙 국가를 완성했다. 1819년 즈음 당시 국무장관 존 퀸시 애덤스는 일기장에 "결정적으로 태평양 방향의 경계선을 획득한 것이 우리 역사에 위대한 시대를 열게 한다"라고 적었다.[17]

그런데 루이지애나가 없었다면? 당시 미국은 동부 지역만으로도 이미 유럽의 여느 나라보다 큰 나라였다. 다시 말해 이미 큰 평수의 1주택을 소유하고 있었음에도 만족하지 못한 셈이다. 미국은 왜 이렇게 집요하게 부동산 투자에 나섰을까.

미국의 국제정치학자인 조지 프리드먼은 "제퍼슨 등은 대륙 국가로서의 힘이 없으면 미국은 파괴되리라고 믿었다. 북아메리카에 과거에 존재했던 수많은 국가와 정착지와 마찬가지로"라고 분석했다. [18] 미국이 북아메리카의 일부로 남는다면 자력 생존이 불가능하다고 전망했다는 뜻이다. 북미 대륙에 유럽처럼 수많은 국가가 어깨를 맞대고 빼곡히 들어찬다면, 그들과 마찬가지로 갈기갈기 찢어질 수 있다고 본 것이다.

게다가 영토가 갑절로 커지면서 미국 안보에 전략적 깊이를 더해 줬다. 동쪽으로는 대서양, 서쪽으로 태평양이란 엄청난 자연 장벽을 갖게 되면서 대륙 밖의 어떤 나라도 미국을 넘보기 어려워졌다. 그럼에도 미국은 안보를 더 확실히 하기 위해 19세기 대부분의 기간 동안 캐나다를 정복할 것인가에 대해 심각하게 고려했다고 한다. 실제로 미국인은 1812년 캐나다를 정복하겠다는 의도로 공격한 적이 있다. [19]

땅덩이가 작으면 외부의 적에게 만만하게 보이기 십상이다. 우리나라 역사를 봐도 알 수 있다. 하지만 땅 크기가 상상할 수 있는 수준을 넘어가면 외부에서는 아예 침략할 엄두를 내지 못한다. 설사 침략해도 백전백패다. 프랑스의 나폴레옹과 독일의 히틀러가 호기롭게 러시아를 침공했지만 영토가 너무 넓은 탓에 긴 보급로를 유지하지 못해 처참하게 패배했다.

19세기 말에 이르자 당시 유라시아 대륙의 어떤 국가들이 연합한다 해도 미국의 안보에 유의미한 위협을 가할 수 없게 됐다. 신생국 미국은 마침내 누군가 침략할지 모른다는 불안감에서 벗어날 수 있었다. 1783년 파리조약으로 미국의 독립을 인정받은 이래 본토가 공격당한 건 그로부터 200년이 넘게 흐른 2001년 9월 11일이 처음이다.

1814년에 영국이 수도 워싱턴 D.C.까지 쳐들어 와 백악관을 불태운 적이 있지만, 당시만 해도 독립 초기인 데다 현재의 미국 국경이 완성되기 전이라 영토 개념이 지금보다 희박했다. 따라서 미국이 대륙 국가를 완성한 뒤 외부로부터 사실상 처음으로 공격받은 것은 1941년 일본의 하와이 진주만 기습이다. 다만 하와이는 북미 대륙과 떨어진 태평양의 섬이었다.

반면에 미국은 동서 해안에서 유럽과 아시아로 자유롭게 진출할 수 있게 됐다. 미국은 유럽과 아시아에서 동떨어져 있다 보니 오히려 영향력을 키울 수 있었다.

국제 관계에서도 '주먹은 가깝고 법은 멀다'는 원칙이 지켜진다. 대다수 국가는 같은 지역에 있는 이웃에 대해서는 언제 침략자로 돌변할지 몰라 경계했지만, 멀리 바다 건너 있어 쳐들어올 가능성이 적은 미국에는 앞다퉈 러브콜을 보냈기 때문이다.

결국 미국은 루이지애나 땅을 사야 한다는 순간의 선택을 통해 안으로는 전략적 깊이를 확보함과 동시에 밖으로는 국제 질서에 영향을 끼치는 강대국으로 부상하게 됐다. 미국은 독립하자마자 생존을 위해서는 북미 대륙을 반드시 하나의 국가로 건설해야 한다는 판단을 했고, 이 선택은 세계를 지배할 지리적 여건을 만들어 냈다.

'소련 봉쇄'라는
부동산 리츠 투자

그런데 미국의 성공 투자 스토리가 여기서 끝났다면 절대 지금
의 위치에 오를 수 없었다. 20세기 들어 글로벌 강자로 부상했지
만 유라시아 대륙에는 여전히 경쟁자들이 존재했기 때문이다.
특히 구대륙의 신생국 소련이 눈에 거슬렸다. 소련은 미국과 손
잡고 2차 세계대전을 승리로 이끈 파트너였지만 전쟁이 끝나자
패권국으로 급부상했다. 영국, 독일, 프랑스, 일본 등이 사실상
초토화되면서 무주공산이 된 유라시아 대륙을 독차지하게 된 셈
이었다.

거대하고 단일한 영토는 초강대국으로 가는 필요조건이지만
충분조건은 아니다. 일단 울타리를 만들었으면 다른 나라가 침
범하지 못하게 해야 하는 법. 여기에는 두 가지 길이 있다. 내부
에서 울타리를 더 튼튼히 보강하거나, 아니면 아예 문밖으로 나
가 잠재적 위협 세력을 미리 꺾어 놓는 것이다.

미국은 후자의 방식을 택했다. 자기 집 울타리만 튼튼히 유지
보수하는 것으로는 불안하니 이참에 동네 전체의 치안에 관여하
기로 마음을 바꾼 것이다. 이게 바로 미소 냉전의 시작이 된 소
련 '봉쇄 정책Containment Policy'이다. 봉쇄 방법은 간단했다. 어두운 골
목길 가로등을 갈아 끼워 거리를 환하게 밝힌다든가 주요 길목

에 경비실을 설치해 낯선 사람의 접근을 차단하는 것이었다. 무엇보다 중요한 건 가난한 집이 이웃 동네 힘센 부자에게 줄 서지 않도록 쌀도 대주고 돈도 대주는 것이었다. 다시 말해 소련의 팽창 권역에 들어갈 만한 곳을 선점해 미국의 영향권으로 만들고, 마셜플랜으로 대규모 원조를 제공했다.

말하자면 루이지애나를 매입한 건 부동산에 대한 직접 투자였지만 소련 봉쇄는 주요 지역에 간접 투자하는 부동산 리츠 투자에 가까웠다.

'봉쇄 정책'은 미국 외교관이었던 조지 F. 케넌이 1947년 7월에 처음 언급한 용어다. 케넌은 1946년 모스크바 주재 미국 대사관에서 근무하면서 소련의 팽창주의를 간파한 뒤 본국에 사전 경고를 보낸다. 국제정치학 분야에서 유명한 바로 그 '긴 전문Long Telegram'이다. 케넌은 이후 자신의 신분을 감춘 채 'X'라는 필명으로 이 내용을 외교 잡지 《포린어페어》에 기고하는데 핵심은 다음과 같다. "미국의 대소련 정책의 주요 요소가 소련의 팽창 경향을 장기적이고 끈기 있으면서도 확고하고 주의 깊게 봉쇄하는 것이어야 한다는 점은 분명하다."[20]

케넌은 소련이 팽창하려는 의지는 서구 진영이 무엇을 하든 말든 아무 관계없는 소련 정권 내부의 정치적 이유 때문이라고 분석했다. 냉전 시대를 연구한 전문가 존 루이스 개디스에 따르면 케넌은 "소련의 당 노선은 국경 너머의 상황에 대한 객관적 분석을 토대로 정해지지 않는다. 소련 내부의 필요에서 비롯된다. 크렘린 지도자들은 정교하지 못해 억압 말고는 달리 통치하는 방법을 모른다"라며 바깥 세계를 "사악하고 적대적이고 위협적인 존재"로 그리는 것이 그러한 핑계를 정당화하는 방편이라고 분석했다.[21]

아울러 케넌은 이런 내부 요인 때문에 당시 가장 강력한 경쟁자였던 소련이 언젠가는 소멸할 것으로 예측했다. "크렘린이 여전히 발하는 강한 불빛이 실제론 소멸하고 있는 별자리의 강한 잔광이 아니라고 그 누가 확언할 수 있겠는가…. 소비에트 권력은 자신이 파악하는 자본주의 세계와 마찬가지로 그 안에서 자멸의 씨앗을 품고 있으며, 이 씨앗이 싹을 틔우는 과정이 착착 진행되고 있다는 가능성은 여전히 남는다. 내 생각에는 이 가능성이 유력하다."[22]

케넌의 이런 생각은 곧바로 미국의 대소련 정책으로 구체화됐다. 케넌이 '소련 봉쇄 정책의 아버지'로 불리는 이유다.

상대가 살 만한 곳을
미리 확보하기

그럼 어느 길목을 지키고 누구를 도와줘야 하는가. 바로 여기서 부동산 흐름을 살피면서 핵심 입지를 선점하는 투자 안목이 필요하다.

케넌이 제시한 것은 거점 방어 전략이다. 절대로 소련이나 적대 세력의 손에 들어가면 안 되는 지역을 선별해 방어하는 개념이다. 아무리 미국이라도 역량에는 한계가 있으므로 이익의 우선순위를 정해야 한다는 것이다. 케넌은 당시의 산업화 정도와 군사력 등을 토대로 지정학적 세력권을 5개로 나눴는데 미국, 소련, 영국, 유럽, 일본 등이다. 소련을 제외한 나머지가 거점 방어 지역인 셈인데, 구체적으로 다음과 같은 지역을 열거했다.

산업화 정도와 군사력 등을 토대로 케넌이 지정학적 세력권을 5개로 나눴는데 미국, 소련, 영국, 유럽, 일본 등이다. 소련을 제외한 나머지가 거점 방어 지역으로 a, b, c 세 지역이다.

a. 대서양 공동체 지역, 캐나다, 유럽 대부분. 아프리카 서부 해안의 볼록 튀어나온 지역. 남미 북부 불룩하게 튀어나온 지역부터 시작되는 국가들.

b. 지중해 국가들과 이란을 포함해 동쪽 끝까지 아우르는 중동.

c. 일본, 필리핀.

실제 지도를 펼쳐 놓고 확인해 보라. a, b, c 지역을 전부 연결하면 소련이 밖으로 팽창하지 못한다. 말하자면 지구라는 바둑판에 포석을 잘 두어 소련을 '미생'으로 묶어 놓는 전략이다.

거점 방어 개념은 선택과 집중 전략이다. 개디스는 다음과 같이 분석했다. "거점 개념은 미국에 모든 이익이 동등하게 중요하지는 않다는 전제, 미국이 특정 변방 지역을 상실해도 그 상실로 인해 반드시 지켜야 할 지역을 방어하는 능력이 훼손되지 않는다면 그런 상실은 용인할 수 있다는 전제가 깔려 있다."[23]

당시 거점 방어 지역에서 한반도는 제외됐다. 그때만 해도 남한은 미국 입장에서 중요한 투자처가 아니었던 셈이다. 만약 한반도가 소련에 먹히면 기분은 나쁘겠지만 딱히 손해는 없는 자투리땅 정도 되겠다. 1950년 1월 미국의 방위 목표에서 한국을 제외한 이른바 '애치슨 라인'이 나온 것도 이 때문이다.

거점 투자에서 자투리땅까지
싹쓸이 투자로

거점 방어 전략은 시간이 지나면서 성격이 크게 변했다. 애초에 케넌은 봉쇄 전략이 군사적 수단보다 마셜플랜처럼 경제적 수단에 집중해야 한다고 봤다. 그런데 소련의 위협(엄밀히 말하면 소련의 위협이라는 미국의 불안감)이 짧은 시간 급격히 커지면서 군사적 수단의 비중을 늘려야 한다는 목소리가 급격히 힘을 얻었다. 자신의 이름을 딴 애치슨 라인으로 거점 방어의 상징이 된 애치슨 장관이 대표적이다.

이제 미국에서는 안보 이익을 필수적인 것과 주변적인 것으로 나누기 불가능하다는 시각이 커졌다. 아무리 핵심 이익이 걸리지 않은 주변부 지역이라도 막상 소련의 공격을 받으면 갑자기 핵심 지역으로 바뀔 수 있다는 것이었다.

이 때문에 거점을 선별해 방어하는 기존의 케넌식 전략 대신에 변경을 따라 늘어선 지점들이 골고루 중요한 만큼 모든 변경을 방어해야 한다는 주장에 힘이 실렸다. 목 좋은 곳의 알짜 부동산에만 투자하는 게 아니라 자투리땅이든 못난이 땅이든 어디든 다 사재기를 하는 것이다. 한마디로 미국은 세계 그 어디서든 소련이 영토를 취득하거나 영향력을 확대하려는 일체의 시도를 더 이상 용인하지 않겠다는 말이다.

이러한 변화를 반영해 소련 봉쇄 전략을 체계적으로 정리한 게 바로 트루먼 행정부가 1950년 내놓은 군사안보전략 NSC 68이다. '냉전의 서문을 연 문서'인 NSC 68은 소련 봉쇄의 가장 효과적인 수단으로 군사적 대응을 맨 앞에 뒀다. 개디스는 "NSC 68은 어떤 도발이라도 그 즉시 대응하지 않으면 결국 이미 때는 늦고 대응할 힘도 없게 되며, 회의와 자책에 빠지고 대안이 점점 줄어들어 절박해지는 상황으로 빠져들게 된다고 경고했다"라고 적었다.[24]

당시 워싱턴에서는 봉쇄 정책의 방향성을 놓고 설왕설래가 이어졌는데, NSC 68이 힘을 얻는 사건이 발생했다. 바로 한국전쟁의 발발이다.

익히 알려진 대로 애치슨 선언은 스탈린에게 용기를 줬다는 분석이 다수설이다. 남침을 해도 미국이 개입하지 않을 것이라고 공개적으로 선언했기 때문이다. 그런데 북한이 막상 38선을 넘어 내려오자 트루먼은 갑자기 소련과 한판 붙어 보기로 결심한다. 스탈린은 어리둥절했을 것이다. 불과 몇 달 전만 해도 '한반도에는 관심 없거든' 하며 선을 그어 놓고 나서는 막상 전쟁이 나자 '소련이 먹는 건 못 보겠거든' 한 셈이니 말이다.

당시 다른 나라는 미국이 어떻게 행동하는지, 안보를 의탁할 만한 존재인지 시험하는 눈빛으로 바라보고 있었다. 미국도 이를 모를 리 없었다. 결국 트루먼이 한국전쟁에 뛰어들기로 한 것은 남한 자체가 핵심일 정도로 중요했기 때문이 아니라, 그곳에서 공산주의의 노골적 공격을 저지하는 데 실패하면 보다 중요한 지역에서 미국이 쌓으려고 애쓰던 신뢰가 산산조각 날지도 몰랐기 때문이다. [25]

이 때문에 정작 방위선에서 한반도를 뺐던 애치슨이 나중에 "한국이 우리를 구했다"라고 강조했다고 한다.

"역사는 미국에 친절했다"

봉쇄 전략이 항상 성공한 것은 아니다. 미국의 이익과 직접 연관이 없는 지구 구석구석 자투리땅까지 군사적으로 개입해 소련이 탐내지 못하게 막는 데는 많은 비용과 불필요한 노력이 들어갔다. 베트남전이 대표적이다. 특히 NSC 68은 제아무리 미국이라도 도저히 감당하기 어려울 정도로 수호해야 할 이익을 방대하게 설정함으로써 결과적으로 그 이익을 계속 수호하기 불가능하게 만드는 모순에 빠지기도 했다. [26]

하지만 미국이 봉쇄 전략을 도입하지 않았다면, 북미 대륙의 튼튼한 울타리 안에서만 안주했다면 어떻게 됐을까. 냉전이 시작되지 않았을지는 확실치 않지만 냉전이 끝나지 않았을 것임에는 틀림없다.

결국 미국은 두 번의 부동산 투자에서 대박을 터트리면서 지금의 패권국에 올라섰다. 한 번은 루이지애나 매입으로 평생 먹고 살 것을 마련했고, 다른 한 번은 소련 봉쇄로 냉전을 끝내고 미국 주도의 국제 질서를 만드는 데 성공했다. 따라서 일찍이 2차 세계대전 당시 스파이크먼이 내놓은 진단은 지금도 여전히 유효하다.

"역사는 미국을 친절하게 대우했고 지리는 미국에 상당한 혜택을 주었으며 기회는 잘 활용됐다. 그 결과 오늘날 미국은 신세계에서 가장 중요한 정치체가 됐다."[27]

왜 미국에서는
풋볼이
제일 인기 스포츠일까

미식축구에 미친 미국

해마다 1월 말이나 2월 초만 되면 우리나라 스포츠 뉴스에 반드시 등장하는 기사가 있다. 1년 내내 야구, 축구, 배구 같은 인기 종목에 가려 거의 찾아보기 힘들다가 이맘때만 되면 어김없이 메인 면을 차지하는 미국 슈퍼볼에 대한 기사다. 슈퍼볼은 미식축구리그인 NFL National Football League 의 양대 리그 우승팀이 겨루는 단판 챔피언 결정전이다.

기사는 매년 비슷한 내용이다. 주로 슈퍼볼이 열리는 하루에

팔린 피자나 치킨너깃, 맥주나 감자 칩이 우리 돈으로 수조 원이 넘는다거나 더 크고 좋은 화질로 경기를 보기 위해 TV 판매가 급증한다거나 경기 중간 30초짜리 TV 광고가 수십억 원에 이른다는 식이다.

또는 우리나라의 입문자를 위해 경기 규칙이 복잡하지 않다며 정작 복잡하게 설명해 놓는 기사들도 있다. 사실상 1년에 한 번만 주목받는 기사이다 보니 담당 기자라면 지난해 기사를 '복붙' 한 뒤 수치나 슈퍼볼 진출 팀 이름 정도만 바꿔도 될 것 같다.

단언컨대 미국은 미식축구의 나라다. 글로벌 통계 전문업체인 스태티스타에 따르면, 2022년 미국에서 가장 인기 있는 스포츠는 미식축구로 선호도가 74.5퍼센트를 차지했다. 농구(56.6퍼센트), 야구(50.5퍼센트), 복싱(23.4퍼센트), 아이스하키(22.1퍼센트)가 뒤를 이었는데, 2위인 농구와도 20퍼센트포인트 가까이 차이가 난다. [28]

포브스가 2022년 발표한 세계에서 가장 가치 있는 스포츠 구단 50개 안에는 NFL 32개 구단 중 무려 30개가 들어갔다. 상위 10개 구단으로만 좁혀도 여섯 팀이나 포함되니 그 인기가 어느 정도인지 짐작할 수 있다. [29]

다시 단언컨대 미식축구는 미국 사람들만 좋아한다. 미국을 벗어난 다른 나라에서는 철저히 외면받는 스포츠란 말이다. 이름부터가 American Football 즉 '미국식 축구'인 것만 봐도 알 수 있다. 미국이 기원으로 알려진 야구나 농구가 세계화에 성공한 것에 비하면, 미식축구는 여전히 미국 본토에서만 즐기는 전통 놀이쯤 되는 셈이다. 전 세계 대부분의 나라에서는 일년 내내 별 관심이 없지만 수십조 원씩 쓰고 나라 전체가 들썩인다니 그나마 슈퍼볼 당일 하루 정도만 스포츠 뉴스에서 다뤄 주는 것이다.

그렇다면 왜 미식축구는 유독 미국에서만 인기가 있을까. 바로 미국을 지금의 슈퍼파워로 만든 원동력인 프런티어 정신과 연관이 깊다.

'후퇴는 없다' 전진만 하는
미식축구의 DNA

몇 해 전 미국에 있을 때 동네 도서관에서 만난 현지인과 대화를 나누다가 마침 미식축구 얘기가 나왔다. 내가 물었다.

"왜 미식축구는 유독 미국에서만 인기가 많은가요?"

상대는 흥미로운 대답을 내놓았다.

"미식축구에는 서부 개척 시대를 상징하는 프런티어 정신이 담겼거든요. 그래서 미국인들이라면 남녀노소 정서적으로 반응하는 거라고 생각해요."

나는 다시 물었다.

"미식축구와 서부 개척 시대가 무슨 관계가 있나요? 서부인들끼리 유대감을 키우려고 뛰고 구르다가 미식축구가 태어난 건 가요?"

상대는 좀 더 자세히 설명했다.

"미식축구 규칙은 간단해요. 막아서는 상대편을 뚫고 계속 전 진하다가 경기장 끝 엔드존에 도달해 터치다운을 하면 점수를 따는 겁니다. 험난한 서부 땅으로 계속 전진해 간 미국의 역사와 겹치지 않나요?"

듣고 보니 그럴듯했다. 미식축구는 기본적으로 10야드(9.144 미터)씩 차근차근 전진하는 땅따먹기 게임이다. 공을 가진 사람이 네 번 넘어지기 전에 10야드를 전진하면 다시 한 번 공격권이 생긴다. 그렇게 계속 앞으로 나아가다가 경기장 끝에 다다르면 터 치다운으로 6점을 따는 것이다. 상대편에 맞서 어느 한 방향으로 만 이동하면서 공격이 진행된다는 점에서 축구나 농구, 아이스 하키 등과 비슷한 개념이지만 결정적 차이는 그 터프함이다.

미식축구는 현존하는 구기 종목 중 가장 위험한 스포츠에 속 한다. 공격수와 수비수가 몸을 맞대고 강하게 충돌하기 때문에 심각한 부상이 빈번하다. 심지어 경기 중 목숨을 잃는 일도 종종 발생한다. 헬멧은 기본이며 각종 보호장구를 온몸 구석구석에 착용해 안 그래도 체격이 건장한 선수들이 더 우람해 보이지만 부상 위험을 줄이기 위해서는 어쩔 수 없다.

공간의 이동과 영역의 확장, 그 과정의 터프함이 바로 미식축구만의 DNA다. 이 같은 특징이 아시아인이나 유럽인이나 중동 사람이 아닌 유독 미국인들만 열광시키는 이유는 미국의 서부 개척 역사와 여러모로 닮았기 때문이다. 앞서 도서관에서 만난 현지인의 설명처럼, 서부라는 공간으로의 이동과 그 험난한 과정을 겪은 미국 개척 시대의 DNA가 가로세로 120야드×53.3 야드의 경기장에서 박진감 넘치게 구현되기 때문이라는 말이다. 결국 미식축구와 서부 개척 시대는 바로 프런티어 정신이라는 DNA를 공유하는 것이다.

미국 국경을 계속 바꾼
프런티어 정신

미국의 역사는 땅따먹기로 국토를 확장해 온 역사다. 북아메리카의 동부 해안 식민지로 시작한 미국은 애팔래치아산맥과 미시시피강을 건너고 광활한 평야와 거대한 황무지를 지난 뒤 위압적인 로키산맥을 넘고 다시 뜨거운 사막을 횡단하여 시에라네바다산맥을 넘어 마침내 태평양까지 이르렀다. 이 때문에 미국의 국경선은 끊임없이 변경돼 왔다.

　일반적으로 국경이란 개념은 폐쇄적이고 주변적인 느낌이 강하다. 국토의 끝이자 중심에서 멀리 떨어진 변두리 이미지가

서부 개척 시대 프런티어 정신을 잘 그려 낸 영화 〈포장마차〉(1923) 포스터.
미국에서 프런티어는 광활한 서부 지대를 일컫는다.

짙다. 특히 우리나라 사람들은 '국경'이란 말의 어감에서 단절의 이미지를 떠올린다. 남북 분단으로 국경을 넘나들기는커녕 접근 조차 불가능하기 때문이다.

반면에 미국인에게 국경은 정반대의 의미다. 미국 역사에서 국경은 닫힌 경계가 아닌 열린 공간의 성격이 컸다. 신대륙에 정착한 뒤 땅이 계속 넓어지다 보니 국경은 나라의 끝이 아닌 새로운 시작점이었고, 변두리가 아닌 역동성의 중심이었다.

흔히 프런티어frontier는 국경, 변경, 경계 등으로 해석한다. 우리나라에서 프런티어는 철조망이 막아선 비무장 지대를 가리키지만 미국에서는 광활한 서부 지대를 일컫는다. 우리나라에서는 프런티어가 접근 불가능한 변경을 의미한다면 미국인에게는 개방과 기회의 공간을 의미한다.

미국의 역사가 월터 프레스코트 웹은 이렇게 말했다. "미국인들은 프런티어를 나라의 끝 모서리에 있는 것이 아니라 그들 영역 안에 놓여 있는 것으로 생각한다. 그것은 거기서 정지하라는 경계선이 아니라 새로운 곳으로 나아가는 관문이었다."[30]

실제 미국인에게 서부는 활기 넘치는 낙관의 공간이었다. 당시 미국의 역동성을 한 컷의 이미지로 설명한다면 한 가족이 포장마차를 끌고 흙먼지 날리는 길 위에서 미지의 땅으로 나아가는 모습이 꼽힐 것이다.

당시 미국의 어른들은 젊은이들에게 이렇게 조언했다고 한다. "서부로 가라."[31] 무한한 기회의 땅으로 가서 성공의 열쇠를 찾으라는 말일 것이다. 마치 1970년대 중동 건설 붐이 일자 우리 나라 어른이 청년들한테 자주 했다는 "중동이나 가라"라는 말과 느낌이 비슷하지 않은가.

결국 미국인들은 서부로 대표되는 프런티어 진출이 단순한 정복의 차원을 넘어 자유를 확장하기 위한 일련의 과정으로 생각했다. 그래서 서부로의 팽창 과정을 지역의 의미를 넘어 미국 이라는 나라의 국가적, 민족적, 문화적 정체성을 수립해 가는 대장정의 역사로 보았던 것이다. [32]

미국판 주체사상
프런티어 정신

미국인들이 프런티어 정신에 자부심을 느끼는 건 주체적 자율성이 깔려 있기 때문이다. 정부가 먼저 땅을 마련한 뒤 개발하기 위해 국민을 이주시킨 게 아니라, 영국 식민지 시절부터 정부의 이렇다 할 도움 없이 개개인이 스스로 발을 내디뎠다.

서부는 미지의 땅이었다. 과연 저 지평선 너머에 무엇이 있는 지, 제대로 정착해 삶을 영위할 수 있을지 전혀 알 수가 없었다. 17세기는 지구가 태양 주위를 돈다는 사실이 조금씩 퍼지던 계몽의 시대였다. 과학의 발전으로 천체 지식은 날로 확장됐으나 정작 수백 킬로미터 밖의 서쪽이 어떻게 생겼는지 알 만한 지리 지식은 없었던 셈이다.

그럼에도 자기 운명은 스스로 개척해야 한다는 생각을 가진 일부는 서쪽으로 서쪽으로 나아갔다. 패스파인더나 파이오니어 또는 선구자 등 뭐라고 부르든 그들은 '내 삶의 주인은 바로 나'라는 생각을 품고 발걸음을 옮겼을 것이다. 주체적으로 결정하고 행동하는 인간이라니…. 마치 인간이 만물의 주인이며 모든 것을 결정한다는 신념 아래 자신의 운명을 스스로 개척해 나가야 한다고 주장하는 저 휴전선 너머의 '주체사상'과 닮은 면이 있지 않은가. 결국 프런티어 정신은 미국판 주체사상이라 해도 무방하겠다.

북한에서 주체사상은 국가 통치를 위해 체계적으로 정리된 총체적 사상 이론이다. 미국에서도 프런티어 정신을 체계화하려는 흐름이 나타났는데 바로 역사학자 프레더릭 잭슨 터너가 대표적인 인물이다. 터너는 1893년 시카고에서 열린 역사학회에서 〈미국 역사에서 프런티어의 의미〉라는 참신한 논문을 발표했다. 이른바 '프런티어 이론'의 시작이었다. 터너에 따르면 영국에서 독립한 신생 국가 미국은 서부 개척을 통해 고유의 문화를 서서히 정착시켰다. 서부 개척자들이 새로운 환경과 자연에 적응하면서 개인주의, 낙천주의, 민주주의, 애국심 등 미국 고유의 국민성을 만들어 냈다는 것이다.

또 서부는 '미국의 안전판'이었다. 서부는 동부인의 불만을 해소할 수 있는 여건을 제공했고, 새로 들어온 이민자가 미국에서 정착할 수 있는 최소한의 기회를 부여했으며, 그에 따라 경제적 평등과 사회적 유동성을 꾀할 수 있도록 했다. 한마디로 프런티어는 "미국적 민주주의와 미국인의 특질을 형성시키는 데 절대적인 영향을 미쳤다."[33] 미국은 프런티어 정신을 통해 비로소 구대륙과 차별화된 홀로서기가 가능해진 것이다. 신생국 미국의 자긍심을 이론적으로 설명해 낸 터너는 역사학계의 스타로 떠올랐다. 프런티어 이론은 2차 세계대전이 끝난 이후까지도 광범위한 지지를 받았다.

그에 앞서 영국 출신의 사상가 토머스 페인이 독립전쟁 초기인 1776년 유명한 저서 《상식》을 통해 미국다움을 부르짖었다. 그는 구대륙의 낡은 유럽과 결별하고 새로운 민주주의 국가를 세우는 게 미국의 특별한 역사적 사명이라고 주장했다. 한마디로 "미국은 특별하다"라며 일종의 선민의식을 불어넣은 것이다. 페인이 건국 초기 '미국다움'을 제시했다면 터너는 그 미국다움을 프런티어 정신으로 보다 구체화했다고 볼 수 있다.

흥미로운 것은 프런티어 이론이 프런티어가 끝나는 시점에 나왔다는 점이다. 제퍼슨 대통령이 1803년 프랑스의 나폴레옹으로부터 루이지애나를 사들인 뒤 87년이 지난 1890년 국세조사국은 공식적으로 프런티어가 종결됐다고 선언한다. 당국은 평방 마일당 인구가 두 명 이하인 곳을 프런티어라고 규정했는데, 이제 그 기준에 미치지 못하는 땅이 존재하지 않는다는 것이었다.

터너는 1890년을 기점으로 프런티어 이론을 집대성했다. 그에 따르면 그동안 갈수록 넓어지던 개척지는 미국인에게 새로운 제도와 활동을 이끌어 내는 역할을 했다. 그러나 미 대륙이 발견된 지 4세기가 지나고, 헌법이 제정된 지 100여 년이 지나자 개척지는 사라졌고 그와 함께 미국사의 첫 장도 마무리됐다. [34]

결국 프런티어의 종결과 함께 미국 영토의 확장과 국경의 이동이 끝났다. 미국 역사에서 국내적 팽창의 시대도 공식적으로 막을 내린 것이다.

다만 모든 역사에는 명암이 있는 법, 서부 개척사도 마찬가지다. 미국인에게는 진취적인 개척이지만 원주민에게는 폭력적인 침략이었다. 미국은 루이지애나 매입처럼 합법적 투자로 부동산을 늘리기도 했지만 무자비하게 인디언 영토를 빼앗은 경우가 더 많았다. 속임수로 협정을 맺어 땅을 차지하기도 했고, 그것도 안 되면 군사력으로 인디언 부족 전체를 학살하기도 했다. 철도를 깔고 도시 기반을 닦는 데 동원된 흑인과 중국인, 멕시코인도 철저히 무시당했다. 미국은 다문화 사회를 지향해 왔기 때문에 흔히 '인종의 용광로melting pot'로 불렸다. 그러나 이런 비유는 20세기 이후에나 해당된다. 서부 진출 과정에서 '동부에서 온 백인'을 제외한 모든 인종은 공존의 대상이 아니었다.

이 때문에 1960년대 이후 터너의 프런티어 이론이 백인 중심의 서술이며 인위적인 영웅 신화 만들기란 비판에 직면하기도 했다. 미식축구가 '미국의 미국에 의한 미국을 위한 스포츠'로 남아 있는 것은 이러한 역사적 맥락 때문일 수 있다. 다른 나라에서 미식축구를 편하게 즐기기 어려운 것은 덩치 큰 선수들의 무지막지한 태클에 나가떨어지는 상대 팀 선수가 왠지 힘없는 인디언의 모습과 겹쳐 보일지도 모르기 때문이다.

그럼에도 미국이 남북전쟁을 끝내고 본격적으로 슈퍼파워로 발돋움하는 과정에서 광활한 서부 개척을 통해 물질적 기반을 확보했다면, 사상적 기반을 제공한 것은 바로 프런티어 정신이었다.

골드러시 청바지
그리고 포티나이너스

1848년 지금의 캘리포니아 새크라멘토 근처에서 제재소를 건설하던 제임스 마셜은 1월 어느 날 아메리칸강에서 우연히 반짝이는 물체를 발견했다. 바로 사금이었다. 이 소식은 순식간에 미국 전역으로 퍼졌고, 서부의 끝 캘리포니아는 인생 역전의 기회의 땅이 됐다. 이듬해인 1849년 전국에서 수만 명의 미국인이 금을 캐러 캘리포니아로 몰려들었다. 이른바 골드러시다.

시에라네바다산맥의 깊은 강줄기 옆에 달랑 텐트 하나를 치고 모래 속에서 사금 조각을 찾는 모습은 서부 개척자의 새로운 상징으로 떠올랐다.

하지만 가는 길은 쉽지 않았다. 유타의 광활한 황무지나 네바다의 드넓은 사막을 가로질러야 했다. 금을 찾으러 가며 금보다 귀한 물 한 모금을 마시기 위해 100달러나 지불하기도 했다. 골드러시는 캘리포니아의 모습을 바꿔 놓았다. 어느 순간 금보다 사람이 더 많아지면서 이들을 상대로 한 식당과 술집이 생기고, 여관과 은행이 들어섰다. 치안을 유지하는 보안관이 뽑히고 분쟁을 조정하는 재판소도 세워졌다. 그렇게 캘리포니아 곳곳에 타운이 들어섰는데 나중에 대도시로 변한 곳 중 하나가 샌프란시스코다.

이곳을 대표하는 미식축구팀이 바로 '샌프란시스코 포티나이너스SF 49ers'다. '포티나이너스'는 서부 개척의 역사를 고스란히 간직한 팀이라고 할 수 있다. 팀 이름은 골드러시의 절정이었던 1849년에 서부로 몰려온 사람들이란 뜻이다. 유니폼에는 당연히 금색이 들어간다.

포티나이너스는 NFL 최고 명문팀 중 하나다. 슈퍼볼에 여덟 번 진출해 다섯 번 우승한 전통의 강호다. 2023년 2월 슈퍼볼에

캘리포니아 아메리칸강에서 사금을 찾는 사람. 이 강에서 사금을 발견한 소식은 미국 전역으로 퍼졌고, 서부의 끝 캘리포니아는 기회의 땅이 됐다.

도 올랐는데 신흥 강호인 '캔자스시티 치프스'와 연장전까지 가는 혈투 끝에 불과 경기 종료 3초 전에 터치다운을 허용해 역전패했다.

홈구장은 리바이스 스타디움이다. 골드러시 당시 청바지로 떼돈을 벌었던 그 회사다. 2014년 세계적인 청바지 브랜드 리바이스가 20년간 쓰는 조건으로 2억 달러 넘게 주고 명명권을 사들였다.

골드러시의 상징인 청바지 회사의 이름을 붙인 경기장에서 역시 골드러시를 상징하는 이름을 딴 미식축구팀이 금색 유니폼을 입고 10야드씩 전진해 가는 모습! 미국의 동네 도서관에서 만난 현지인 말이 다시 떠오를 수밖에 없다.

"계속 앞으로 나아가다 경기장 끝 엔드존에 이르러 터치다운을 하면 점수를 따는 미식축구와 험난한 서쪽으로 계속 전진해 간 미국의 역사는 프런티어 DNA를 공유한다."

왜 미국 10달러
지폐의 주인공이
해밀턴일까

10달러에서 사라질 뻔했던
해밀턴

미국에는 1달러, 2달러, 5달러, 10달러, 20달러, 50달러, 100달
러 등 총 일곱 종류의 지폐가 있다. 워싱턴(1달러), 링컨(5달러) 등 대
부분 대통령 초상화가 그려져 있는데, 대통령이 아닌 사람이 딱
두 명 있다. 바로 100달러 지폐의 벤저민 프랭클린과 10달러의
알렉산더 해밀턴이다.

　둘 다 건국의 아버지로 불리기는 하지만 아무래도 프랭클린

이 더 중량급 인물이다. 프랭클린은 독립선언문을 기초한 사상
가이자 정치인이며 번개 치는 날 연날리기로 피뢰침을 발명한
과학자다. 벼락 맞아 죽을 뻔한 수많은 생명을 살렸으니 100달
러 지폐에 들어가는 것을 반대할 사람은 많지 않을 것이다. 게다
가 미국에서는 프랭클린을 '최초의 미국인The First American'이라 부르
며 존경하고 있기도 하다.

반면에 해밀턴이 왜 10달러 지폐의 주인공인지는 의아할 수
밖에 없다. 대통령 다섯 명과 대통령급 위인 한 명과 비교하면
아무래도 격이 떨어져 보이기 때문이다. (꼭 이 때문은 아니었지만) 공
교롭게 2015년 미국 재무부는 10달러에서 해밀턴을 빼고 여성
흑인 인권 운동가를 넣기로 했다.

그런데 그해 브로드웨이에서 막을 올린 뮤지컬 〈해밀턴〉이
공전의 히트를 쳤다. 얼마나 인기였냐 하면 한때 가장 좋은 좌석
의 티켓 가격이 무려 849달러, 우리 돈 100만 원이 넘는 역대 최
고가를 기록하기도 했다. (꼭 이 때문은 아니었지만) 이듬해인 2016년
재무부는 돌연 해밀턴 교체 계획을 없던 일로 했다.

해밀턴은 여느 대통령들처럼 투표로 선출된 정치인도 아니
고, 프랭클린같이 최초의 르네상스적 미국인으로 추앙받지도 않
은 지명직 재무장관이었다. 그런데 어떻게 미국 역사에서 단 일
곱 명에게만 주어진 지폐의 주인공 자리를 당당히 꿰찬 것도 모
자라 교체 결정을 뒤집고 살아남을 수 있었을까. 미국이 지금 같

은 슈퍼파워에 오른 데에는 엄청난 경제력이 큰 역할을 했는데, 그 경제력을 키운 건 팔 할이 '초대 재무장관' 해밀턴의 공로라고 해도 무방하다.

제퍼슨 대 해밀턴, 국무회의 랩 배틀

뮤지컬 〈해밀턴〉에서 가장 인상 깊은 장면 중 하나가 바로 토머스 제퍼슨과 벌이는 랩 배틀이다. 1789년 프랑스 대사를 마치고 돌아온 제퍼슨은 국무장관으로 임명되는데 곧 재무장관 해밀턴과 중앙은행 설립안을 놓고 충돌한다. 제퍼슨은 국무회의에서

해밀턴의 계획을 강도 높게 비판한다. 훗날 자신의 뒤를 이어 4
대 대통령에 오르는 친구 제임스 매디슨도 제퍼슨 편에 선다. 하
지만 해밀턴도 자신의 뜻을 굽히지 않는다. 뮤지컬은 그날의 토
론 장면을 랩 배틀(Cabinet Battle #1)로 재해석한다.

무려 초대 대통령 워싱턴이 MC를 보는 가운데, 래퍼로 변신
한 두 사람이 서로를 도발하고 '디스' 전을 펼친다. 예컨대 이런
식이다.

"Madison, son, take your medicine."

(매디슨, 이 양반아, 약이나 드삼~)

뮤지컬 내내 이런 식의 라임과 언어유희가 쉼 없이 이어진다.
옛날 옛적 이야기를 빠른 비트에 실어 전달하니 지루한 정치 논
쟁도 '힙'하게 재창조된다. 관객들도 지루할 틈이 없다.

다만 영어가 모국어도 아니고 미국 역사에 해박하지도 않은
우리는 이해하는 게 쉽지 않을 수 있다. 우리 역사에서 비슷한
논쟁을 찾아본다면 아마도 퇴계 이황과 율곡 이이가 성리학 배
틀을 벌이는 모습이 아닐까. 게다가 두 사람 모두 우리나라 지폐
속 주인공이다. 예컨대 이런 식이다.

조선 11대 임금 중종이 사회를 보는 가운데, 레퍼로 변신한
퇴계 선생이 먼저 주리론主理論을 주장하며 주기론主氣論의 율곡
이이를 도발한다.

"이理는 만물의 이치, 기氣는 가치 없지. 예禮~"

그러자 곧바로 율곡 선생도 기죽지 않고 디스한다.

"기氣는 만물의 기본, 이理는 이게 없지. 요料~"

또는 병자호란 당시 남한산성에서 주화파 최명길과 척화파 김상헌이 벌인 논쟁이 아닐까. 청나라에 항복할 수밖에 없다는 현실주의자 최명길과 끝까지 싸우자는 이상주의자 김상헌이 인조를 앞에 두고 자기 입장을 관철하기 위해 팽팽하게 맞선다. 예컨대 이런 식일 것이다.

"칸(청나라 황제)이 머무는 동안 성을 나갈 길을 열어야 하옵니다."(최명길)

"칸이 오래 머물지 못하니 안에서 먼저 문을 열어서는 아니 되옵니다."(김상헌)

"칸이 오래 머물지 못하니 안에서 열지 않으면 서둘러 문을 부수려 할 것이옵니다."(최명길)

이건 영화 〈남한산성〉에서 두 인물이 주고받는 실제 대사다. 만약 이 장면을 '남한산성 랩 배틀'로 재해석했다면 오욕과 수치의 역사를 희화화했다며 많은 논란이 뒤따르고, 두 사람의 후손도 들고일어날 것이며, 결국 흥행에도 실패할 가능성이 크다.

어쨌든 뮤지컬 〈해밀턴〉이 랩 비트로 구현한 팽팽한 설전은 실제 미국 역사의 터닝 포인트와 같다. '자본주의 미국'이냐 '농업 국가 미국'이냐를 놓고 벌인 거대한 체제 논쟁의 서막이었기 때문이다.

잘해야 '땅이 넓은 덴마크'가
될 뻔한 미국

해밀턴이 아니었다면 미국은 지금 같은 자본주의 끝판왕이 아니라 농업 국가에 머물렀을지 모른다. 기껏해야 선진 농업 국가 수준, 이를테면 땅덩어리가 큰 덴마크를 상상하면 될 듯하다. 건국 초기만 해도 신생국 미국이 장차 나아갈 발전 경로를 놓고 대립하는 두 진영이 있었다. 산업 근대화를 추구해야 한다는 쪽과 노예제를 바탕으로 한 농업 사회를 목표로 하는 세력이 그것이다.

전자를 연방주의 그룹으로 부르는데 해밀턴이 대표 주자다. 당시 미국은 독립전쟁을 막 끝낸 터라 재정 상태가 엉망이었다. 해밀턴은 미국이 제조업 기반의 자본주의 국가로 발전해야 한다고 생각했다. 그러려면 강력한 권한을 가진 연방 정부와 중앙은행이 반드시 필요하다고 주장했다. 반면에 미국이 농업에 기반한 분권형 공화국이 되기를 바란 쪽을 공화주의자(반연방파)라 부르는데 제퍼슨이 대표적이다. 영국 식민지 시절부터 미국 경제는 노동력에 비해 토지가 풍족했으므로 대규모 농업에 특화하는 게 어쩌면 당연할 수도 있었다. 다른 어떤 나라와 비교해도 빈 땅이 너무도 많았기 때문이다.

제퍼슨은 중앙 정부의 필요성을 인정했지만 각 주의 자유와 독립을 더 중요하게 생각했다. 국가의 간섭도 최소화해야 한다고 주장했다. 당연히 개별 주의 자유로운 무역 활동을 규제하는 중앙은행 같은 건 불필요한 것이었다.

그런데 제퍼슨은 3대 대통령이 된 뒤 입장을 180도 바꿔 해밀턴주의를 적극 반영했다. "정치는 과학이 아니라 가능성의 예술"이라는 독일 재상 비스마르크의 말은 어제까지 대립하다가 오늘부터 협력하기 시작한 두 사람에게 가장 잘 어울리는 명언일 것이다.

제퍼슨이 노선을 변경한 데는 1800년 대선에서 해밀턴이 제퍼슨의 손을 들어준 정치적 배경이 크게 작용한다. 당시 선거인단 투표에서 제퍼슨과 에런 버가 73표로 동률을 기록해 최종 투표가 하원으로 넘어갔는데, 연방주의 계파의 수장 격인 해밀턴이 전격적으로 제퍼슨 지지로 돌아선다. 당연히 연방파 표심이 제퍼슨에게 쏠렸고 결국 그는 3대 대통령에 취임할 수 있었다. 에런 버는 이때의 원한을 쌓아두고 있다 몇 년 후 해밀턴에게 결투 신청을 했고, 해밀턴은 그의 총탄에 숨을 거둔다. 당시 해밀턴은 총을 쏘는 대신 하늘로 팔을 들어 올렸는데, 바로 뮤지컬 〈해밀턴〉의 포스터가 그 모습을 형상화한 것이다.

해밀턴이 1789년 초대 재무장관에 올랐을 때만 해도 신생 국가 미국은 현대적인 금융 시스템에 필요한 여섯 가지 요건이 결여돼 있었다. 건전한 국가 재정과 공공 채무 관리, 안정된 화폐, 실질적인 중앙은행, 효과적인 은행 시스템, 유동적 증권 시장, 사업 활동을 위한 법인 설립이 그것인데, 해밀턴은 불과 2년 만에 이중 세 가지를 안착시켰다. 1789년에 만든 이른바 '해밀턴 관세법'에 따라 관세 수입으로 국가 부채를 탕감하고 재정 건전성을 확보하는 데도 어느 정도 성공한다. 또한 당시 수도였던 필라델피아에 중앙은행을 설립했으며, 금과 은으로 태환이 가능한 단일 화폐로 달러 도입을 실현했다. [35]

해밀턴의 주장이 구체적인 정책으로 시행되고 효과가 나타나기 시작하자 신생 국가 미국이 나아가야 할 방향에 대한 논쟁은 점차 해밀턴 쪽으로 기울었다. 독립 이후 자영농의 공화국을 표방했던 공화파가 정치적으로 우세했음에도 험난한 국제 체제 속에서 생존을 도모하기 위해서는 상공업 육성이 불가피하다는 견해가 점차 설득력을 얻은 것이다. 결국 제퍼슨도 대세를 거스를 수 없다는 것을 깨닫게 된다. [36]

제퍼슨은 마침내 1801년 3월 대통령 취임 연설에서 해밀턴과의 간극을 줄이기 위해 많은 애를 썼다. 그는 "의견이 다르다고 해서 무조건 원칙이 다른 건 아닙니다. 우리는 모두 공화주의자이며 연방주의자입니다"라고 말했다. 제퍼슨 전기를 쓴 존 미첨은 "제퍼슨이 해밀턴식 수단을 통해 제퍼슨식 목적을 추구했다고 말해도 지나치지 않다"라고 평가했다. [37]

그러나 두 사람이 뿌린 이념 논쟁은 끈질기게 살아남아 대립을 심화시켰다. 결국 극단적 처방이 없으면 해결하기 어려운 지경에 이르렀다. 랩 배틀 정도로는 해소되기 힘든 것이었다. 이에 대해 앨런 그린스펀 전 연방준비제도이사회 의장은 "두 진영의 대립은 해밀턴과 제퍼슨의 지적 논쟁에서 시작됐다"라며 "이 논쟁은 결국 산업화된 북부와 노예제를 고수하는 남부 사이의 거대한 지역 분쟁으로 확대되었다"라고 진단했다. [38] 바로 미국판 동족상잔의 비극인 남북전쟁이 발발한 것이다.

통계학도 놀랄
압축 성장

그 무렵 미국은 독특하게도 농업 제국, 상업 제국, 산업 제국의 가능성을 모두 갖추고 있었다고 볼 수 있다. 바로 그 점 때문에 미국 경제의 진로는 여전히 불확실했다. [39] 이러한 상황에서 제퍼슨과 해밀턴이 던진 국가 경제 모델 경쟁은 결국 남북전쟁으로 폭발한다. 전쟁의 결과는 누구나 알고 있듯이 북부의 승리로 끝난다. 그런데 이 전쟁에서 승리한 건 북부만이 아니다. 제조업 기반 경제가 농업 중심 경제 체제를 이겼고, 해밀턴이 제퍼슨을 이겼다.

남북전쟁이 끝난 1865년부터 미국 자본주의는 비약적인 압축 성장을 이룩했다. 실제 전쟁 직후만 해도 미국의 웬만한 도시에는 사람만큼 동물이 많았다. 시민들은 말이나 소, 돼지, 닭과 뒤엉켜 살았다. 건물은 태반이 나무로 지어졌다. 1871년 시카고에서 발생한 대화재가 소가 등불을 걷어차는 바람에 시작됐다는 설까지 나왔다. 그런데 1914년 무렵에는 강철과 콘크리트로 지은 수십 층짜리 빌딩이 들어섰고, 사람들은 포드자동차를 타며 코카콜라를 마셨다. [40]

남북전쟁 이후 미국 경제는 '통계학을 놀라게 할 속도'로 비약적으로 발전했다. 미국은 1865년부터 1895년까지 30년 동안 미국 역사뿐 아니라 세계 자본주의 역사상 보기 힘든 경제 성장률을 기록했다. 우리나라가 '한강의 기적'을 만든 1961년부터 1981년까지 20년 동안의 연평균 경제 성장률은 대략 10퍼센트 정도였다. 독일의 '라인강의 기적'도 1950년대 8퍼센트의 성장률을 보인 것이 최고 수준이었다. 그런데 남북전쟁 직후 30년 동안 미국의 경제 성장률은 무려 연평균 15퍼센트를 찍었으니 세계사에서 전무후무한 기록이다. [41]

같은 시기 유럽에서는 지정학적 위기가 폭발하지만, 멀리 떨어진 미국은 동족상잔의 비극을 빠르게 봉합하면서 자본주의 발전에 박차를 가한다. 그린스펀은 이 시기를 '자본주의의 승리'라고 규정한다. 그는 "미국이 뭉친 여러 위대한 순간"이 있었지만 "남북전쟁에서 남부가 북부에 항복하면서 한때 분열되었던 나라가 온전한 자본주의 공화국으로서의 운명을 받아들인 순간보다

'거대한 이스트리버 현수교(The great East River suspension bridge)'(커리어와 아이브스, 석판인쇄. 1883년),

뉴욕 브루클린 다리는 1883년 완공된 세계 최초 현수교로 당시 미국의 압축 성장을 상징한다.

출처: 미 의회도서관

중요한 순간은 없었다"라고 평가한다. [42] 결국 남북전쟁이 지금의 미국을 앞당겨 준 셈이다.

미국이 급속하게 경제 성장을 이루는 데는 무역에 의존하지 않으면서도 확대 재생산 체제를 구축했기 때문이다. 1869년 미국에서 소비되는 공산품 중 14퍼센트가 수입품이었으나 1909년에는 그 비율이 6퍼센트로 감소했고, 1869년 모든 제조업 부문에서 수입품의 비중이 10퍼센트 이상을 차지했으나 1909년에는 그 비중이 절반 이하로 감소했다. [43] 쉽게 말해 북미 대륙 안에서도 얼마든지 자급자족이 가능한 규모의 경제를 이룩한 것이었다.

미식축구는 미국인들만 즐기는 전형적인 내수형 스포츠임에도 세계화에 성공한 스포츠인 야구, 농구, 아이스하키와 비교해 구단 가치가 월등히 높은 것도 이런 맥락에서 이해할 수 있다. 나라 안에서도 얼마든지 수요가 차고 넘치는 건 축복이다. 경제의 대외 의존도가 높은 우리나라 입장에서는 그저 부러울 따름이다.

내수만으로도 먹고 사는 데 지장이 없는 미국은 해외에 별도의 상품 판매 시장을 만들 필요성을 크게 느끼지 못했다. 이 때문에 미국은 유럽 열강들이 산업화 초기부터 앞다퉈 식민지 팽창에 나선 것과 달리 중남미 대륙에서 영향력을 확보하는 정도에 만족했다. 미국은 국내 시장이 확대 재생산 체제를 유지 발전시키는 데 충분할 만큼 넓었고 경제 성장에 필요한 방대한 농업과

원자재 산업 기반도 튼튼했다. 따라서 해외의 원료 공급처에 관심을 기울이지 않아도 될 만큼 원료를 충분히 공급해 주었다. [44]

특허에 깔려 있는
프런티어 DNA

19세기 후반 미국 말고도 영국, 독일 등 서유럽 열강과 일본도 자본주의로 방향을 정하고 전력으로 질주했다. 그러나 지금까지 슈퍼파워로 위세를 떨치는 나라는 미국밖에 없다. 이 때문에 많은 경제 전문가가 미국에만 있는 DNA가 무엇인지를 찾아왔다. 그 중 하나가 바로 특허 정신이다.

앞서 프런티어 정신을 설명한 바 있는데 이 개념을 경제 용어로 바꾼다면 '재산권 보장' 정도라 할 수 있다. 자본주의의 기본 원칙 즉 자유로운 개인은 능력껏 일해서 돈을 벌고, 국가나 시장은 사유재산을 철저히 보호해 줘야 한다는 개념은 '자신의 삶을 스스로 개척하는' 프런티어 DNA와 맞닿아 있다. 그런데 프런티어 DNA는 눈에 보이지 않는 무형의 개념이라서 손에 잡히는 형상으로 바꿔 줄 필요가 있었는데 그게 바로 특허권이다.

미국은 특히 특허에 진심인 나라다. 미국은 헌법에 저작권 조항을 넣은 유일한 국가라고 한다. 헌법 제1조 8절 8항은 "저작자와 발명자에게 그들의 저술과 발명에 대한 독점적인 권리를 일정 기간 확보해 줌으로써 과학과 유용한 기술의 발달을 촉진시킨다To promote the Progress of Science and useful Arts, by securing for limited Times to Authors and Inventors the exclusive Right to their respective Writings and Discoveries"라고 적시했다. [45]

미국이라고 늘 잘나갈 수는 없다. 한때 독일, 일본, EU 등에 바짝 쫓기거나 글로벌 경제 위기에 나라 전체가 휘청거리기도 했다. 그럼에도 여전히 굳건하게 1등 자리를 유지하는 데는 위기 때마다 빛을 발한 특허 정신 덕분이다.

그린스펀에 따르면 미국인은 역사 변화를 일으키는 진정한 동력원은 마르크스가 주장하는 노동자 계급이나 다른 경제학자들이 설명하는 추상적인 경제적 힘이 아니라, 1093건의 특허를 보유한 토머스 에디슨 같은 발명가나 헨리 포드, 토머스 왓슨, 빌 게이츠 같은 창업자들이라고 생각한다. 무에서 유를 창조하는 사람들이야말로 진정한 혁신가라는 조지프 슘페터의 생각을 본능적으로 지지했기 때문이다. [46]

프런티어 DNA와 특허 정신을 밑바탕에 둔 미국식 경제 모델은 많은 기업가나 정부 정책 입안자들에게 환영받았다. 이들은 미국의 자유 기업 시스템이 사람들에게 무한 경쟁의 기회를 주고 그 경쟁에서 이긴 사람은 정부의 규제나 잘못된 평등주의 문화의 제약을 받지 않고 응당한 보상을 받도록 해 주는 이상적인 제도라고 생각한다. 미국식 모델을 찬양하는 사람들은 낙오한 사람들마저 그 결과에 기꺼이 수긍한다고 주장한다. 열심히 일하고 창의력을 발휘하게 하는 동기 부여가 이렇게 강력하니 미국이 20세기 들어 세계에서 가장 잘사는 나라로 떠오른 것도 무리가 아니라는 것이다.[47]

다시 시간을 거슬러 올라가 보자. 만약 남북전쟁 직후 미국이 "땅이 이렇게나 넓은데 말이야, 우리는 이 땅을 기반으로 농업 국가로 갈 거야"라고 했다면 어땠을까. 만약 해밀턴이 제퍼슨에게 정치적 패배를 당했다면 어땠을까. 아예 해밀턴이 제조업 부흥과 강력한 중앙 집권 재정 정책을 주장하지 않았다면 어땠을까. 답은 알 수 없지만 두 가지는 분명하다. 뮤지컬 〈해밀턴〉은 흥행에 실패했을 것이고, 지금 이 책은 나오지 않았을 것이다.

그래서 다시 해밀턴이다. 갓 탄생한 미국이 장차 수백 년 동안의 미래를 좌우할 중요한 순간에 안성맞춤한 선택을 하도록 도운 인물이 바로 해밀턴이다. 그러니 일개 장관일 뿐이었지만 대통령들과 나란히 지폐 속 주인공 자리를 차지하고 또 교체 여론을 뚫고 살아남을 수 있었다. 아, 그러고 보니 해밀턴이 그려진 10달러 지폐는 자주 사용되지만, 제퍼슨이 들어간 2달러는 거의 볼 수 없다. 결국 돈으로도 해밀턴이 제퍼슨을 이긴 셈이다.

2부

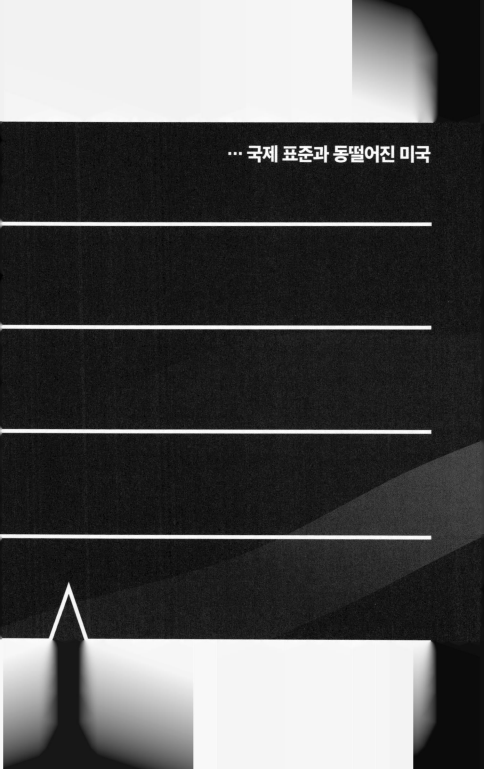

··· 국제 표준과 동떨어진 미국

왜 미국에서는
투표에서 지고도
대통령이 될 수 있을까

"투표에서 이기고
개표에서 졌다"

"투표에서 이기고 개표에서 졌다." 이 말을 들으면 대개 '부정 선거 아니야'란 생각이 바로 떠오른다. 실제로 우리나라에서는 예전 자유당 시절이나 군부 독재 정권 당시 이런 일이 종종 벌어졌기 때문이다. 심지어 정치 민주주의가 여느 선진국과 비교해도 손색이 없을 정도로 고도의 수준을 유지하는 근래에도 끊임없이 '부정 선거'를 주장하는 사람들이 있다(대개 '부정 선거'라기보다 특정 세력의 '선거 부정'인 경우가 많지만 말이다).

　그런데 미국에서는 투표에서 이기고도 정작 개표에서는 지는 일이 흔하다. 심지어 부정 선거도 아니다. 대표적인 경우가 바로 2000년 대통령 선거다. 당시 민주당 앨 고어 후보는 공화당의 조지 W. 부시 후보에게 전국 득표수에서는 50만여 표(0.5퍼센트 포인트)를 이겼으나 선거인단에서 5표 차이로 낙선했다. 승패를 결정했던 플로리다주에서는 불과 1700여 표의 박빙 승부가 펼쳐졌는데 일부 지역만 재검표를 해 보니 300여 표로 줄었다. 전면 재검표 여부와 무효표 판정 등을 놓고 정치적 논란과 법적 공방, 양 지지층의 시위가 이어졌다. 결국 연방 대법원이 재검표를 그만하라고 명령해 투표가 끝난 지 35일 만에 부시의 승리로 막을 내렸다. 만약 전면 재검표를 했다면 고어가 이겼을 것이라는 분석이 많았지만 그는 "대법원 결정에 동의할 수는 없지만 받아들이겠다"라며 승복을 선언했다.

　20세기에 치러진 마지막 대선답게 '세기말'적 혼란을 겪었으나 그나마 앨 고어가 깔끔하게 승복하면서 미국은 국가적 차원의 대재앙, 예컨대 새 대통령의 임기 시작 전까지 결론이 나지 않아 대통령 부재라는 초유의 사태가 생긴다거나 양당 지지층의 소요 사태가 발생하는 상황을 피할 수 있었다(아이러니하게도 꼭 20년 후인 2020년 대선 직후 도널드 트럼프 대통령은 부정 선거라며 패배를 인정하지 않고 지지층을 독려해 초유의 의사당 난입 사태가 벌어지기는 한다. 민주주의의 후퇴를 본 앨 고어 입장에서는 이러려고 깨끗이 승복했나 하는 자괴감이 들었을 수 있겠다).

이런 일이 벌어진 건 미국의 독특한 선거 제도 때문이다. 미국은 대통령 간선제를 유지하고 있는데, 일반 유권자가 뽑은 선거인단이 따로 대통령을 선출하는 제도다. 제도만 놓고 보면 우리나라의 과거 5공화국 군부 독재 시절 체육관 선거와 다를 바없다. 실제로 대통령제를 채택한 웬만한 민주 국가 중 국민이 대통령을 직접 뽑지 않는 곳은 미국밖에 없다. 1987년 민주화 운동당시 국민이 가장 중요하게 요구한 것 중 하나가 바로 '대통령 직선제'였다는 점에 비춰 보면, 미국이 왜 대통령 간선제를 고수하는지 이해하는 게 쉽지 않다.

개별 주에서는 주지사는 물론이고 주 대법원 대법관, 주 검사장, 심지어 주무 장관(선거 관리 기능 등을 담당)까지 선출할 정도로 직접 민주주의가 발달했는데, 정작 연방 정부 공무원은 2년에 한번씩 하원 의원 전원과 상원 의원 3분의 1을 뽑는 게 전부다. 게다가 지역별로 투표 용지나 개표 방식, 선거 관리 원칙도 제각각이다. 이 때문에 미국은 가장 민주적인 국가인 동시에 가장 비효율적이며 비민주적인 방식을 고수하는 모순을 안고 있다.

대의 민주주의의 근간은 국민의 직접 선거이고, 직접 선거의 근간은 다수 대표제다. 즉 한 표라도 더 많이 얻으면 이기는 게 핵심이다. 그런데 미국 대선에서는 이러한 원리가 작동하지 않는다. 선거인단 제도라는 간접 선거 방식을 채택해서다.

어쨌든 2000년 대선 개표 사태를 계기로 미국에서는 한동안 대통령 선거 방식을 바꿔야 한다는 목소리가 나오기도 했다. 대부분의 민주 국가처럼 많이 득표한 사람이 이기게 하자는 것이다.

그러나 이런 주장은 곧 사그라들고 미국은 여전히 기존 제도를 고수하고 있다. '투표에서 이기고도 개표에서 지는' 상황이 잊을 만하면 발생한다. 처음으로 대통령제를 만들고 민주주의를 전파한 미국이 정작 혼자만 시대의 흐름에 맞지 않는 선거 방식을 운영하고 있는 셈이다.

대통령 후보가 아니라
대통령 선거인단을 뽑는 선거

미국 대통령 선거는 대통령 선거가 아니다. 엄밀히 말하면 대통령을 직접 뽑는 선거인단^{Electoral College}을 뽑는 선거다. 미국은 국민이 주인인 민주民主 국가임에도 정작 투표에서는 주인 행세를 100퍼센트 할 수 없다. 미국은 왜 이렇게 다소 황당한 간접 선거 제도를 만들었을까.

우선 건국 초기 정치적, 사회적 여건 때문이다. 간접 선거에 의한 대통령 선출 방식은 국민 전체에 의한 대통령 선출이 기술적으로 불가능하던 제헌 당시에 대통령이 의회로부터 독립된 기관이 될 수 있도록 고안한 제도다. 헌법을 만든 이들은 만약 의회가 대통령을 선출하게 되면 대통령이 과도하게 의회에 의존하게 되고, 후보자가 의회의 지지를 얻기 위해 바람직하지 않은 공약 등을 남발할 것을 우려했다. 또 당시는 정당이 출현할 것을 예상하지 않았기 때문에 정당이 중심이 되는 선거가 아니라, 무정파적 선거 과정을 생각했던 것이다. [48]

더욱이 그때는 전국 동시 선거는 꿈도 꾸지 못했다. 땅덩어리가 워낙 넓으니 투표를 시작해 개표가 끝날 때까지 시간이 오래 걸렸다(지금도 미국에서는 개표 이후 대통령 선거인단 수 공식 확정까지 최소 2~3일은 걸린다). 게다가 투표 용지를 운송하다가 사고가 나거나 원주민 등에게 빼앗길 우려도 있었다.

통신과 운송 기술이 발달하지 않은 1700년대 후반 시점으로 보면 이해 가는 측면이 없지 않다. 그런데 지금은 땅덩어리가 넓어도 얼마든지 기술적 문제를 해결할 수 있다. 인도네시아에서는 2024년 2월 대선을 치렀는데, 미국 유권자(약 2억 3900만 명, 2020년 대선 기준)와 비슷한 약 2억 500만 명(2024년 대선 기준)이 간접 선거가 아닌 직접 투표를 했다. 1만 7000개의 섬 중 사람이 거주하는 7000곳에 82만 개 투표소가 설치됐고, 투표 관리원은 무려 570만 명에 달했다. 차량이 닿기 힘든 곳까지 투표함 등을 운송하기 위해 헬리콥터를 이용하고 그것도 힘들면 말과 코끼리까지 동원했다. [49]

인도네시아는 말과 코끼리의 힘까지 빌려 직접 선거를 치르

는데, 웬만한 국가는 한 번에 날려 버릴 대륙간탄도미사일(ICBM)
이나 F-22 랩터 같은 최첨단 스텔스 전투기를 만들어 내는 기술
강국 미국이 왜 간접 선거를 고수할까.

결국 기술이 아닌 의지의 문제로 접근해야 한다. 미국은 제도
를 바꿀 의지가 아직은 크지 않은 것이다. 다시 말해 대통령 간
선제는 연방 국가의 이상을 구현하기 위해 도입된 측면이 있기
때문에 이를 변경하는 데 신중할 수밖에 없다. 아메리카 연방은
각 주의 독립적인 주권을 존중하며 경제나 인구, 정치적 이유 등
으로 어느 주도 다른 주에 압도당하지 않아야 한다는 점을 중요
하게 생각한다.

그런데 단순 대표제를 시행하면 아무래도 인구가 적은 주의
주권이 인구가 많은 주보다 저평가될 우려가 있다. 예컨대 대통
령 직선제를 실시하면 인구가 많은 캘리포니아나 텍사스 출신이
대통령으로 뽑히거나 이들 주가 지지하는 후보가 당선될 가능성
이 높다. 반대로 사람보다 소가 더 많은 몬태나 출신은 몇백 년
이 지나도 백악관 근처에도 가 보지 못할 수도 있다. 거대 주의
입김이 세지고 고착화된다면 작은 주들은 굳이 연방 국가로 계
속 있어야 하는지 고민할 수 있다. 따라서 미국이 이 제도를 유
지한다는 것은 "연방 국가로서 개별 주의 의사와 국민의 의사를
동시에 존중하는 제도로 간선 투표 제도의 장점을 포기하지 못
하는 것"으로 보인다. [50]

대통령을 직접 뽑는
선거인단은 어떻게 뽑힐까

대통령 선거인단은 총 538명인데 연방 상원 의원 수와 하원 의원 수를 합친 수다. 상원 의석은 100명이다. 50개 주가 인구에 상관없이 2명씩 배분받았는데 이는 작은 주의 권리를 보장하기 위해서다. 하원 의석은 인구 비례로 배분된 435명이다. 여기에 워싱턴 D.C. 몫인 3명을 더하면 538명이 된다. 워싱턴 D.C.는 수도라는 정치적 상징성을 인정받아 가장 적은 주와 같은 수를 법적으로 보장받는다. 현재는 3석이 하한선이다.

상원 의원 100명은 고정이지만 하원은 인구 비례에 따라 지역별 의석이 배분된다. 우리나라의 경우 인구가 많은 서울과 수도권에 국회의원 수가 많은 것과 같은 이치다. 인구가 변하기 때문에 주기적으로 의석을 재조정하는데, 10년 단위로 끝나는 연도의 인구 센서스를 기준으로 삼는다. 다시 말해 2012년, 2016년, 2020년 대선까지는 2010년 센서스를 기준으로 했고, 2024년, 2028년 대선은 2020년 인구조사를 토대로 삼는다. 이 기준으로 선거인단이 가장 많은 주는 캘리포니아(54명)이며 그다음이 텍사스 40명, 플로리다 30명, 뉴욕 28명 등의 순이다. 가장 적은 3석을 받는 곳은 앞서 말한 워싱턴 D.C.를 포함해 알래스카, 델라웨어, 몬태나, 노스다코타 등이다.

미국 유권자는 4년마다 11월 첫 번째 월요일이 지난 화요일, 이렇게 배분된 538명의 선거인단을 뽑는다. 후보들은 선거인단의 과반인 270명 이상을 확보하면 대통령으로 당선된다.

여기서 또 황당해 보이는 시스템이 등장하는데 바로 유닛 룰 시스템Unit Rule System이라고 부르는 승자 독식 제도다. 즉 어느 한 주에서 이긴 후보가 그 주에 배정된 선거인단을 전부 차지하는 방식이다. 만약 캘리포니아에서 A당 대선 후보가 단 한 표라도 이겼다면 선거인단 54명을 싹쓸이하는 것이다. 이 경우 표의 등가성이 제대로 반영되지 않아 결과의 왜곡 현상이 발생할 수 있다. 대표적인 게 바로 '투표에서 이기고 개표에서 지는' 경우다.

전국 득표에서는 앞섰으나 선거인단 수에서 뒤져 패배한 경우는 2000년 선거를 포함해 지금까지 총 다섯 차례나 나왔다. 1824년 앤드루 잭슨, 1876년 새뮤얼 틸든, 1888년 스티븐 그로버 클리블랜드가 이러한 제도적 모순에 발목이 잡혔다.

가장 최근에 나온 비운의 주인공은 2016년 대선의 힐러리 클린턴이다. 힐러리는 트럼프보다 약 300만 표를 더 얻었지만 선거인단 수에서는 무려 74명이나 뒤졌다. 힐러리의 패배는 2020년 대선과 비교하면 더 도드라진다. 당시 바이든 역시 트럼프보다 74명을 더 확보해 당선됐는데, 전국 득표에서는 700만 표 넘게 격차를 벌였다.

더욱이 '가진 것보다 더 많은 권한을 행사하는' 과대 대표성

2020년 미국 버지니아의 한 도서관에 마련된 미국 대선 후보 경선 투표장.

출처: 직접 촬영

문제도 부각되고 있다. 앞서 건국 당시 미국 정치인들은 단순 대표제를 시행하면 인구가 적은 주의 주권이 인구가 많은 주보다 저평가될 것을 우려했다고 설명한 바 있다. 반대로 말하면 이 방식을 유지하면 인구가 적은 주의 주권이 상대적으로 과대 대표될 수 있다는 문제가 생긴다.

선거인단이 제일 많은 캘리포니아주(54명)와 가장 적은 노스다코타주(3명)를 비교해 보자. 캘리포니아는 전체 선거인단 538명의 10퍼센트, 노스다코타는 0.55퍼센트를 차지한다. 그런데 인구수로 비교해 보면 캘리포니아(3896만 5193명)는 미국 전체 인구(3억 3491만 4895명)의 11.6퍼센트를 차지하는 반면에 노스다코타(78만 3926명)는 0.23퍼센트에 불과하다. [51]

캘리포니아는 인구수에 따라 직선제를 하든 인구 비례에 따른 간선제를 하든 대략 10퍼센트 정도 영향력을 행사할 수 있다. 반면에 노스다코타의 경우 직선제(0.23퍼센트)보다 간선제(0.55퍼센트) 시스템 아래에서 두 배가량 영향력이 더 커지는 셈이다. 결국 현행대로 선거인단 제도를 유지하면 인구가 적은 주와 농촌 지역의 정치적 발언권이 상대적으로 더 보장받게 된다.

따라서 이들 지역에서 지지세가 강한 공화당이 그동안 이 제도의 덕을 많이 봤다. 민주당은 1992년부터 2020년까지 약 30년간 2004년 대선 딱 한 번을 제외하고 전국 득표에서 공화당을 모두 이길 정도로 지지를 받았으나 정작 세 번(2004년 포함)이나 백악관을 빼앗겼기 때문이다.

그렇다면 미국은 왜 이런 '황당한' 싹쓸이 방식을 채택했을까. 일반 유권자의 투표 결과와 달리 선거인단의 개인적 투표를 막기 위해서다. 예컨대 캘리포니아에서 A당 후보가 이겨 54명을 확보했다고 가정하자. 그런데 12월에 치러지는 선거인단 투표에서 54명이 전부 A당 후보를 찍지 않고 일부 표가 B당 후보한테 옮겨 갈 수 있다. 비밀투표를 하기 때문에 누가 배신했는지 알 수 없어 선거인단 한 사람 한 사람의 소신이 강하게 작용할 수 있다. 이렇게 소속 정당의 대선 후보 대신 다른 후보를 뽑거나 기권하는 선거인을 '불충실한 선거인단Faithless elector'이라고 한다.

다른 마음을 품은 선거인단이 늘어나면 대통령 선거는 일반 유권자의 투표를 반영하지 못하고 전적으로 선거인단 538명의 자유 의지에 의해 결정되는 것도 가능하다. 따라서 불충실한 선거인단을 법으로 금지하는 주도 있다. 개별 주의 선택을 보장하려는 연방 정신의 구현인 셈이다. 또 충성심이 강한 열성 당원 위주로 뽑거나 당내 유력 정치인을 선거인단으로 선정해 처음부터 배신 투표를 원천 차단한다. 예를 들어 2016년 대선에서는 힐러리의 남편이자 전 대통령인 빌 클린턴이 선거인단에 이름을 올렸다.

다만 불충실한 선거인단 때문에 선거 결과가 바뀌는 상황은 어디까지나 이론적 추론일 뿐 현실에서는 실현 가능성이 거의 없다. 만약 선거인단 마음대로 뽑는 게 가능했다면 미국만의 독특한 선거 제도가 지금까지 유지되기 힘들었을 것이다. 실제로 미국 시민단체 페어보트[FairVote]에 따르면, 지금까지 총 58번의 대선에서 2만 3507명의 선거인단이 뽑혔는데 일탈 투표 사례는 90명에 불과했다. 이 가운데 60명은 1872년 선거에서 나왔다. 당시 야당의 호러스 그릴리 후보가 선거인단 투표 6일 전에 사망하면서 그를 지지했던 표의 효력이 상실된 것이다. [52]

오히려 텃밭은 포기하는
선거 운동?

미국 대선 제도는 간선제와 승자 독식제가 결합된 복잡한 구조다. 아무리 연방 정신을 담아내는 게 중요하더라도 제도 자체에 결함이 있다 보니 양당 후보도 그 빈틈을 파고드는 제도 맞춤형 선거 운동에 집중하게 된다. 대선 기간 50개 주 전체를 도는 게 아니라 필요한 몇 주만 공략하는 선택과 집중을 하는 것이다.

근래 들어 미국 정치 지형은 사실상 정해져 있다. 캘리포니아는 민주당, 텍사스는 공화당의 텃밭이다. 우리나라 정치에 대입하면 캘리포니아는 호남이고 텍사스는 TK 지역과 비슷하다. 따라서 캘리포니아에서는 공화당이, 텍사스에서는 민주당이 선거인단을 확보하는 게 현실적으로 쉽지 않다. 아무리 선거 운동을 열심히 해 봐야 단 한 표라도 우세하면 선거인단을 싹쓸이하는 제도 때문이다. 그래서 민주당은 텍사스에서, 공화당은 캘리포니아에서 아예 선거 운동을 포기하다시피 한다.

최근 30년의 선거 결과를 살펴보면 뉴욕주와 매사추세츠주 등 북동부 해안 주는 민주당, 네브래스카 등 중서부와 루이지애나 등 남부는 공화당의 텃밭으로 분류된다. 결국 선거 결과는 이미 표심이 고정된 텃밭 지역보다 경합주인 스윙 스테이트에서 판가름 난다. 이 때문에 양당은 선거 운동 기간 이들 지역에 총력을 기울이게 된다.

우리나라에서는 주로 서울과 경기·인천의 수도권이 최대 승부처인데, 미국에서는 '러스트 벨트 rust belt'와 '선 벨트 sun belt'가 대표적인 스윙 스테이트다. '러스트 벨트'는 오대호 주변 공업 지대로 펜실베이니아, 위스콘신, 미시간, 오하이오 등을 가리킨다. 1970년대까지 호황을 누리다가 제조업 쇠퇴로 불황을 맞은 곳들이다. '선 벨트'는 태양 빛이 좋은 남쪽 지역들로 플로리다, 조지아, 사우스캐롤라이나, 애리조나 등을 일컫는다. 과거에는 농업 지대였으나 지금은 신흥 산업 지대로 부상해 러스트 벨트와 대조를 이루는 곳이다.

다시,
미국도 부정 선거 논란은 있다

미국이 이렇게 황당하고 복잡한 선거 제도를 유지해 오면서도 비교적 부정 선거 이슈는 크지 않았는데, 최근에 정치적 양극화가 심화되고 트럼피즘Trumpism이 주류 정치권에서 영향력을 확대하면서 선거 제도에 대한 불신이 커지고 있다. 대표적인 경우가 우편 투표에 대한 찬반 논란이다. 미국은 투표소 직접 투표와 우편 투표 제도를 병행하고 있다. 투표소에서 직접 투표하는 우리나라 입장에서 보면 혹시 누군가 우편 투표용지를 가로채거나 투표 결과를 바꿔치기 하는 게 아닌지 우려가 나올 수도 있다.

그러나 《뉴욕타임스》에 따르면 부정 가능성은 "극히 희박하다extremely rare"고 한다. 예를 들어 워싱턴주는 겉봉에 본인 서명 날인을 의무화하고 정부에 저장된 자신의 서명 파일과 대조한다. 대다수 주 정부는 겉봉을 바코드로 스캔하고 추적 시스템을 적용해 중간에서 가로채는 걸 방지한다. 이 때문에 그동안 논란이 된 사례가 아주 없지는 않았지만 걱정할 수준은 아니라는 것이다. [53]

그런데 지난 2020년 대선을 앞두고 코로나 여파로 우편 방식의 비중이 커지자 트럼프 당시 대통령은 "우편 투표는 매우 위험한 방식이고 유권자 정보를 훔쳐 조작할 수 있다"라고 맹비난했다. 정작 자신도 2018년 중간선거에서 우편으로 부재자 투표를 했고, 공화당의 콘크리트 텃밭인 유타주는 거의 모든 선거를 우편으로 치르는데도 말이다.

이 때문에 트럼프가 우려한 것은 부정 선거가 발생할 가능성이 아니라 투표율이 높아져 재선에 실패할 가능성을 더 염려했다는 분석도 있었다. 실제로 우편 투표 방식은 투표율을 높이는 효과가 있기 때문에 전통적으로 민주당은 확대 실시를 선호하는 반면에 공화당은 반기지 않는다.

왜 미국은
트럼프를 선택했을까

예측 불가능한
코로나 대통령

코로나19가 전 세계를 강타하기 시작한 2020년 봄, 전대미문의 팬데믹에 전 세계가 속수무책일 때 날마다 자신만만하게 TV 앞에 선 사람이 있었다. 바로 트럼프 당시 미국 대통령이다. 그런데 트럼프가 의기양양하게 TV 생중계 기자회견을 할 때마다 전 세계는 숨죽이며 전전긍긍했다. 도대체 무슨 말을 할지 몰라서다.

트럼프는 이미 임기 내내 중요한 소식들, 예컨대 백악관 비서

실장을 경질한다든가 북한과 정상회담을 취소한다든가 하는 일을 정부의 공식 통로가 아니라 개인 트위터 등으로 알리는 깜짝 행보를 즐겼다. 다른 나라도 이런 트럼프 스타일에 어느 정도 익숙해졌지만 이는 어디까지나 정상적인 세상일 때의 이야기다. 자고 일어나면 수천 명씩 죽어 나가 전 세계를 공포로 몰아넣은 코로나 사태 초입이라면 이야기가 달라진다. 혹시나 트럼프가 코로나를 핑계로 미국 국경을 완전히 걸어 잠글지, 한국인의 입국을 원천 봉쇄할지, 아니면 이란이나 쿠바에 선전 포고를 할지 아무도 모르기 때문이다.

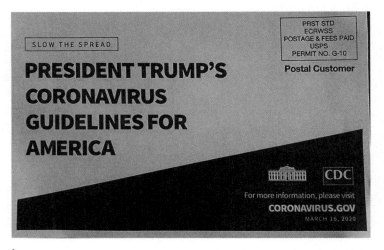

트럼프 대통령은 코로나19가 확산한 2020년 상반기 자신의 이름을 내세운 각종 안내문을 가정마다 배포했는데, 사실상 대선 사전 선거 운동 성격이 짙다는 비판이 나왔다.

출처: 직접 촬영

그해 3월 14일 오후 3시, 평소처럼 트럼프가 TV 앞에 모습을 드러냈다. 여느 때처럼 마이크 펜스 부통령과 데비 벅스 백악관 코로나19 대응 조정관이 뒤에 서 있었다. 그런데 평소와 다른 게 눈에 띄었다. ABC 뉴스가 라이브 중계 화면 밑에 다우존스 주가 지수 창을 띄운 것이다. 트럼프의 브리핑 직전 주가지수가 2퍼센트 포인트까지 하락하더니 회견이 시작되자 안정세를 찾았고, 회견 끝날 때쯤에는 9퍼센트 포인트 넘게 급등했다. 마치 생방송으로 아이돌 경연대회를 보며 실시간 문자 투표를 하듯 숫자가 요동쳤다.

처음에는 트럼프가 어떤 폭탄 발언을 쏟아낼지 몰라 주가가 잔뜩 움츠러들었다가 원유 비축량을 늘려 유가 인상을 유도하고, 코로나 대응을 위해 500억 달러를 긴급 편성한다는 발표 등이 나오면서 주식 시장이 안정을 찾은 것이었다. 이 모습은 미국 대통령이 얼마나 중요한 존재인지를 새삼 깨닫게 해 준 상징적 장면이었다. 전 세계가 혼란에 빠지면 미국 대통령의 존재는 더 부각된다는 것을 제대로 보여 준 것이다. 말을 시작하기도 전에 주가나 환율을 출렁이게 만들 수 있기 때문이다. 그리고 '코로나 지휘관'을 자처하며 매일같이 TV 생중계로 모습을 드러낸 트럼프는 이 점을 명확히 이해하고 있었다.

트럼프의 미국이냐
미국의 트럼프냐

트럼프 대통령은 무궁무진한 연구 과제다. 대선 승리의 비결과 리더십, 통치 스타일, 대외 관계를 다루는 법 등은 수백 년이 지나도 정치학이나 국제 관계 전문가들의 케이스 스터디 대상이 될지 모른다. 2015년 처음 공화당 대선에 뛰어들 때만 해도 '저러다 말겠지' 하는 이단아 취급을 받았는데, 지금은 공화당 주류 엘리트 정치인들이 알아서 떠받드는 교주 반열에 올랐다.

실제로 《워싱턴포스트》와 에디슨리서치의 2020년 대선 출구 조사 분석에 따르면, 가구 소득 10만 달러 미만 계층에서는 바이든이 55~57퍼센트로 42~44퍼센트의 트럼프를 앞섰지만, 10만 달러 이상 가구에서는 트럼프가 54퍼센트를 받아 42퍼센트의 바이든을 이겼다.[54] 트럼프는 이제 저소득 백인 계층만의 영웅이 아니라 전통 공화당 주류 지지층인 중산층 이상 부자들까지 완전히 흡수한 셈이다. 기적에 가까운 정치력이다.

게다가 2016년 대통령 선거 운동에서 스스로 말했듯이 뉴욕 5번가 한복판에서 자신이 누군가를 총으로 쏘고 달아나도 그냥 넘어가 줄 콘크리트 지지층이 35퍼센트에 이른다. 불가사의에 가까운 팬덤이다. 어찌 보면 트럼프야말로 선거 운동의 패러다임을 바꾼 게임 체인저인 셈이다.

그런데 트럼프의 4년을 겪은 우리나라를 비롯한 대다수 국가는 '정치 9단'이니 게임 체인저니 하면서 마냥 띄우기는 쉽지 않다. 미국의 트럼프는 그동안 세계가 알던 미국과 전혀 다른 모습을 보여 줬기 때문이다. 옆 동네 불량한 친구들을 막아 주던 듬직한 형이 어느 날 갑자기 태도가 돌변해 자기가 나서서 동생들을 괴롭히기 시작했다고나 할까. 국제 질서의 수호자를 자처하며 예측 가능한 노선으로 환심을 사던 미국이 불확실한 카오스를 부추겨 기존 질서를 무너뜨리고 자기 이익만 좇는 데 앞장선다고나 할까.

결국 트럼프의 미국이 정상 궤도에서 이탈한 변종의 시기였는지 아니면 뉴 노멀 시대의 시작인지 파악하는 게 중요한데, (우리나라를 비롯해 대부분 국가에겐 안타깝지만) 후자에 가깝다고 볼 수 있다. 이런 점에서 초강대국 미국이 왜 때때로 갈팡질팡하는지를 말하거나 글을 쓴다면 트럼프는 빼놓을 수 없는 필수 아이템이다. 무엇보다 트럼프가 어떻게 당선됐는지부터가 이상 현상이 아닌 뉴 노멀이라 할 수 있다.

'위로의 달인' 트럼프?

2016년 대선에서 트럼프가 미국 대통령으로 당선된 것은 일대

사건이었다. 선거 기간 내내 다양한 막말과 혐오, 갈라치기, 비현실적 공약으로 끊임없이 논란을 일으켰음에도 '준비된 후보'였던 힐러리를 상대로 선거인단 306명 대 232명이라는 예상 밖의 압승을 거두었기 때문이다.

그렇다면 왜 미국 유권자들은 트럼프에게 끌렸을까. 알려진 대로 트럼프가 승리한 데에는 저학력 백인 노동 계층의 정서를 자극해 투표소로 나오도록 한 게 결정적이었다. 트럼프는 계층적으로 유색 인종의 증가에 따라 일자리가 줄어드는 데 불만을 느낀 백인 유권자를 집중 공략했다.

특히 트럼프 지지자들은 다른 유권자에 비해 이민자나 외국인 노동자들과 경쟁해야 하는 블루칼라 직종에 50퍼센트 이상 종사하고 있는 것으로 조사됐다. 또 자신이 백인이라는 정체성이 강할 경우 이민자에 대해 더 부정적 태도를 보이는 것으로 나타나기도 했다. 트럼프는 백인의 정체성에 대한 불안감을 자극해 이민자를 불안과 분노의 대상으로 그려 내는 데 성공한 것이다. [55]

미국의 정치학자 다이애나 머츠는 광범위한 데이터를 수집해 이 같은 사실을 뒷받침했다. 연구 결과는 미국 사회 안에서 자신의 위치와 세계 속에서 미국의 지위가 위협받고 있다고 느낀 백인 남성 기독교인들이 트럼프에게 표를 던질 가능성이 가장 높았다는 것이다. 심지어 그전까지 민주당을 지지했던 유권자들조차 2016년 대선에서만큼은 트럼프를 지지할 가능성이 높은 것으로 드러났다. 머츠에 따르면 개인적 차원은 물론이고 국가적 차원의 지위가 심각한 위협에 직면했다고 느끼는 사람들은 위계질서를 다시 세워야 한다고 강조하는 후보를 지지하는 경향이 있었다. 예컨대 백인이 언젠가부터 흑인보다 더 차별받게 됐다며 막연한 두려움에 떠는 사람들에게 "미국을 다시 위대하게 만들겠다 Make America Great Again"라고 약속하는 트럼프가 더 끌릴 수밖에 없었던 것이다. [56]

동시에 지역적으로는 제조업이 쇠락해 고통을 겪는 러스트 벨트의 좌절과 분노를 정치적으로 조직화해 내는 데 성공했다. 러스트 벨트는 민주당에 비교적 탄탄한 지지를 보내던 곳인데, 트럼프는 단 한 번의 선거로 이 지역 상당수를 경합주로 만들어 버렸다. 앞서 오바마는 '부자 대 노동자'의 계급 구도를 만들어 승리했고, 트럼프는 이 프레임을 '이민자 대 노동자' 구도로 바꿔 지지를 확보해 냈다.

이 때문에 힐러리는 미시간, 위스콘신 등 러스트 벨트 주의 표심 이반을 전혀 예상하지 못했다. 심지어 선거 당일까지도 힐러리 캠프는 이 지역에서의 승리를 확신했다고 알려졌다. [57] 민주당은 러스트 벨트는 물론 플로리다, 노스캐롤라이나 등 선 벨트 경합주에서도 대부분 졌다. 이는 민주당이 힐러리라는 기존 정치를 가장 잘 대표하는 후보를 내세우면서 애당초 이 지역의 유권자들이 원하는 변화에 대한 기대를 읽지 못했다는 것을 의

미한다.

2016년 대선에서 이들 지역은 정책보다 기존 정치문화를 공격해 줄 '사이다 정치인'을 기다리고 있었고, 트럼프라는 포퓰리스트가 그 역할을 해냈다.[58] 결국 트럼프가 이들의 지지를 얻어 낸 데에는 실질적으로 도움이 되는 공약을 내놓았기 때문이 아니라, 자신들의 불만을 대신 말해 주고 위로해 줬기 때문이다.

코네티컷대학교 철학과 교수 마이클 린치는 '트럼프 현상'을 사회학자 앨리 러셀 혹실드의 줄서기 비유로 설명하기도 했다. 보수적인 백인들은 스스로를 아메리칸 드림을 위해 참을성 있게 줄을 서서 기다리고 있다고 생각한다.

그런데 자신과 다른 외모를 가진 사람들이 '새치기를 하고 있다'는 말을 듣게 된다. 게다가 해안 쪽에 사는 부유한 사람들이 자기들보다 훨씬 앞에 서서 피부색 짙은 사람들을 위해 자리까지 맡아 두고 있다고 한다. 백인들은 이 상황을 보고 울화통을 터트린다. 그러자 앞에 서 있는 사람들이 시끄럽다고 도리어 나무라자 백인들은 화가 머리끝까지 차 오른다. 바로 그때 백인들의 자리를 맡아 놓을 테니 걱정하지 말라고, 다른 사람들이 그 자리를 채어 가지 못하게 막아 주겠다고 약속하는 사람이 나타난다. 바로 트럼프다. 결국 트럼프에게 투표한 사람들이 느끼는 울화는 그들이 마땅히 누려야 하는 앞자리를 차지하지 못했다는 인식에서 비롯됐다는 것이다.[59]

그런 점에서 트럼프는 유능한 정치인이 아니라 유능한 선동가에 가까웠던 셈이다.

앤드루 잭슨이
되고 싶은 트럼프

우리나라 정치권에서는 흔히 선거에 영향을 미치는 세 가지 요소로 바람, 구도, 인물을 꼽는다. 일반적으로 정권 심판론 또는 대운하 건설이나 행정수도 이전 같은 메가 공약이 '바람'을 일으키는 요소다. '구도'는 각 진영의 통합과 분열에 따라 여야의 경쟁 구도가 결정되는 것이다. 선거에서는 주로 바람과 구도의 영향이 더 크고 '인물'은 상대적으로 중요성이 떨어진다고 알려졌다. 그러나 2016년 미국 대선에 대입해 보면 세 요소 중 가장 중요한 변수는 단연코 인물이었다.

실제 당시 대선은 '캐릭터의 선거'라고 불릴 정도로 정책 이슈의 영향력이 크지 않았던 선거라는 평가가 있다. [60] 트럼프라는 전무후무한 독특한 캐릭터가 정책이나 공약을 전부 삼켜 버린 결과다.

그런데 트럼프는 자신이 하늘에서 뚝 떨어진 캐릭터가 아니라 이미 전형典型이 있다고 생각한다. 바로 제7대 대통령인 앤드루 잭슨이다. 잭슨은 기존의 엘리트 정치를 끝내고 누구나 대통령이 될 수 있는 시대, 다시 말해 서민 민주주의 시대를 연 인물로 평가된다. 대통령이 되기 위해서는 이전까지 당연시되던 조건들, 예컨대 좋은 집안과 귀족 계급, 학벌과 출신 지역 들을 모두 깨뜨린 새로운 전형의 정치인이기 때문이다. 많은 역사가는 잭슨을 기득권 정치에 도전했던 최초의 포퓰리스트로 평가하기도 한다.

트럼프는 취임하자마자 자신을 앤드루 잭슨과 자주 비교했다. 취임식에 모인 인파가 직전의 오바마 취임식과 비교해 눈에 띄게 적다는 지적이 나왔음에도 "앤드루 잭슨 이후 이 같은 성원은 없었다"라고 자랑하기도 했다. 트럼프 캠프의 선거 전략가였던 스티브 배넌은 "앤드루 잭슨 이래로 트럼프와 같은 연설을 한

미국 역사에서 단 일곱 명에게만 주어진 지폐(20달러)의 주인공이 된 앤드루 잭슨. 트럼프 대통령의 롤 모델이기도 하다.

출처: 미 재무부 조폐국

대통령은 없었다"라면서 "트럼프의 연설은 잭슨 스타일과 많이 닮았는데 애국주의라는 깊은 뿌리가 있다"라고 치켜세우기도 했다.[61] 실제로 배넌은 선거 운동 기간 트럼프에게 잭슨 대통령을 포퓰리스트 모델로 삼으라고 압박하면서 잭슨과 관련된 책을 한 무더기 갖다주기도 했다(그러나 책은 쌓여만 있었다고 한다).[62]

트럼프와 잭슨이 여러모로 닮은 점이 있는 건 사실이다. 두 사람 모두 워싱턴의 기성 정치에 발을 담지 않았던 '아웃사이더' 출신이다. 초대 대통령인 조지 워싱턴부터 존 퀸시 애덤스까지 전임 대통령 여섯 명이 모두 버지니아와 매사추세츠 출신의 저명인사인 데 비해 잭슨은 변방인 테네시 출신이었다.

잭슨은 고집스럽고 거침없는 언행으로 '올드 히코리Old Hickory'라는 별명을 얻었다. 히코리는 지팡이를 만드는 단단한 나무인데 주로 불의를 참지 못하거나 굽힐 줄 모르는 사람을 일컫는다. 잭슨은 경쟁자들이 아내의 과거를 문제 삼자 세 차례나 결투를 벌이기도 했다. 트럼프 역시 결투 신청만 안 했을 뿐 끊임없이 논란과 이슈를 만든다는 측면에서 잭슨과 비슷한 면이 있다.

또 잭슨이 소외받은 농민과 서민을 자신의 지지층으로 삼은 것처럼 트럼프도 대도시의 백인 노동자들과 중서부 내륙주의 농민들 지지를 이끌어 냈다. 이 때문에 트럼프가 백악관에 들어가자마자 집무실인 오벌 오피스에 잭슨의 초상화를 새로 건 것도 무리가 아니다.

그러나 두 사람은 결정적으로 다르다는 지적도 만만치 않다. 2008년 잭슨의 전기 《아메리칸 라이온》을 쓴 역사가 존 미첨은 "잭슨이 겉으로는 정치 아웃사이더로 보이지만 실제로는 그렇지 않다"라며 "그는 정치선언을 할 때면 측근과 깊은 대화를 하고 면밀한 정치적 계산을 거쳤다"라고 주장했다. 그러면서 "잭슨은 낮에는 거친 정치인이었지만 밤에는 신중한 외교관 스타일"이라며 "트럼프가 잭슨처럼 거침없는 언행을 할 때 전략적 고려를 바탕으로 한 것인지는 알 수 없다"라고 평가했다. [63]

재선에 성공해 8년 임기를 마친 잭슨은 물러날 때까지 인기가 절정이었다. 미국 역사에서 단 일곱 명에게만 주어진 지폐(20달러)의 주인공이 되는 영광도 누렸다. 그러나 시간이 흐르자 누구나 그렇듯 공과를 재평가받게 되는데, 노예제를 옹호하고 인디언을 가혹하게 탄압했던 흑역사가 구설에 올랐다. 잭슨은 1830년 제정된 '인디언 추방법'에 따라 미시시피강 동쪽에 살던 인디언을 아칸소와 오클라호마의 보호 구역으로 강제 이주시켰다. 4만 5000여 명 이상의 인디언이 '눈물의 길 Trail of Tears'을 따라 이주하는 과정에서 추위와 전염병 등으로 4000명 넘게 목숨을 잃었다. 일각에서는 트럼프의 주장대로 두 사람이 닮았다며, 잭슨의 인디언 추방법이 트럼프의 '반이민 행정명령'과 비슷하다는 지적도 나왔다.

정치 교과서 이론도 뒤집은
트럼프 선거 운동

트럼프의 승리는 캐릭터의 힘만으로는 설명하기 힘들다. 앞서 공화당은 선거인단과 승자 독식을 양대 특징으로 하는 미국만의 독특한 선거 제도의 덕을 톡톡히 봤다고 설명했는데, 구체적으로 꼽자면 트럼프가 그렇다. 특히 2016년 공화당의 트럼프는 지금 같은 대선 제도가 아니었으면 절대 이기기 힘들었을 것이라는 분석이 많다. 트럼프는 전체 50개 주의 25퍼센트 정도인 12개 경합주를 중심으로 선거 운동을 벌였다. 자신을 지지할 가능성이 있어 보이는 유권자에게만 다가간 것이다. 이른바 '집토끼'(지지층)를 결속시키는 데 집중했다.

일반적으로 선거가 진행되면 양측의 주장이 가운데로 수렴되는 경향을 보인다. 이를 설명해 주는 게 정치학자 앤서니 다운스가 내놓은 이른바 중위 투표자$^{median\ voter}$ 이론이다. 유권자의 이념 분포는 중도가 다수인 좌우 대칭의 단봉형 정규 분포도를 보인다. 이념적 중도에 위치하는 유권자가 선거의 승패를 좌우하기 때문에 좌우 정당이나 후보들은 필연적으로 이들을 공략해야 한다는 것이다. 따라서 선거 운동 과정에서 보수 정당은 좌클릭, 진보 정당은 우클릭 행보를 통해 이른바 '산토끼'(중도층)를 끌어오거나 최소한 이들이 상대편을 지지하지 못하도록 중도 수렴 전략을 구사한다.

그런데 트럼프의 선거 운동은 기존 정치 이론을 뒤엎었다. 인종 갈등을 유발하거나 히스패닉을 차별하는 발언을 쏟아 냈지만 이들 경합주에서 오히려 기존 공화당이 가지고 있지 않던 새로운 지지층을 만들어 내기까지 했다. 결과적으로 소수의 사람만 설득하는 데 성공했지만 그 정도만으로도 초박빙의 경합주 여러 곳에서 승리할 수 있었고, 나아가 많은 선거인단을 가져갈 수 있었다. 승자 독식의 선거인단 제도가 아니었다면 꿈도 꿀 수 없는 선거 전략이자 승리의 시나리오다. [64]

결국 트럼프는 소수의 지지만 확보해도 승리할 가능성이 있었기 때문에 구태여 중도 유권자까지 흡수하는 수고를 할 필요가 없었다. 그런데 만약 트럼프가 패배했다면 어땠을까. "중도 확장을 하지 않고 자신을 지지할 가능성이 있어 보이는 계층에만 어필했기 때문에 졌다"라는 비판이 나왔을지 모른다. 선거는 결과를 중심으로 사후 평가되다 보니 이기면 모든 게 승리 요인이지만 지면 모든 게 패인이 될 수 있다.

이 때문에 트럼프가 지나치게 주류 문법에서 벗어나 모험적인 선거 운동을 한 것은 대선 제도의 모순과 미국 유권자의 정치 성향을 미리 파악한 대담한 전략이라기보다는 승리가 목적이 아니었기 때문에 하고 싶은 대로 한 것뿐이라는 분석도 가능하다. 트럼프 행정부의 초대 백악관 선임고문이 된 캘리언 콘웨이는 선거 당일 "트럼프는 지지율 격차 6퍼센트 포인트 이내로 패배할 가능성이 아주 높았다"라고 말하기도 했다. [65]

실제로 트럼프 역시 승리에 관심이 없었다는 증언이 많다. 트럼프의 오랜 친구 로저 에일스(폭스뉴스 설립자)는 텔레비전으로 출세하고 싶으면 먼저 대통령 선거에 나가라고 말하기를 좋아했다. 트럼프는 에일스의 말에 고무돼 트럼프 채널에 관한 소문을 흘리고 있었다. 트럼프는 선거 일주일 전 에일스에게 이렇게 말했다. "이건 내가 이제껏 꿈꾸던 것보다 훨씬 더 큰 겁니다. 나는 지는 걸 생각하지 않아요. 왜냐하면 그건 지는 게 아니니까요." 더구나 트럼프는 이미 선거 패배에 대해 공개적으로 내놓을 반응을 생각하고 있었다. "우리는 선거를 도둑맞았다!" 트럼프와 그의 캠프는 화염과 분노를 내뿜으며 패배할 준비가 되어 있었다. 승리할 경우는 전혀 계획에 없었던 것이다. [66]

그래서 선거가 끝난 그날 저녁 8시가 지나면서 트럼프가 이길지도 모른다는 추세가 나오자 모두 당황했다. 배넌에 따르면 한 시간 남짓 지나는 동안 처음에 어리둥절하던 트럼프는 믿기지 않는 트럼프로 바뀌고 다시 매우 겁에 질린 트럼프로 변했다. 그러다가 갑자기 자신이 미국의 대통령이 될 자격이 있고 그럴 만한 완전한 능력이 있다고 믿는 남자로 바뀌었다. [67]

끝나지 않은 20달러 지폐
잭슨 논쟁

앞 장에서 미국 자본주의의 아버지 해밀턴이 10달러 지폐에서 빠질 뻔했다가 다시 살아났다고 설명했다. 해밀턴 대신 희생된 사람이 바로 앤드루 잭슨이다. 흥미로운 점은 잭슨 역시 다시 살아날 뻔했다는 것이다. 트럼프 행정부 시절인 2019년 스티븐 므누신 당시 재무장관은 "2028년까지 20달러 지폐가 교체되는 일은 없을 것"이라며 오바마 행정부의 교체 계획을 사실상 백지화했다. 트럼프의 롤 모델인 잭슨이 인디언을 탄압했다는 이유로 흑인 여성 인권 운동가인 해리엇 터브먼에게 밀려나는 걸 앉아서만 볼 수는 없던 것이다.

그러나 바이든 행정부가 들어서자 백지화 계획이 다시 철회됐다. 바이든 대통령 취임 직후인 2021년 1월 25일 젠 사키 백악관 대변인은 "재무부가 터브먼을 20달러 지폐 앞면에 넣으려 다시 조처를 하고 있다"라고 밝혔다. 바이든은 또 백악관에 들어가자마자 집무실에 걸려 있던 잭슨 초상화를 떼어 내고 벤저민 프랭클린을 걸었다. 트럼프가 좋아한 인물이라면 바이든은 멀리할 수밖에 없었던 것이다.

그런데 20달러 지폐 속 잭슨이 계획대로 바뀔지 또다시 살아남을지 알 수 없다. 2024년 대선에서 트럼프와 바이든의 리턴 매치 결과에 따라 잭슨의 운명도 판가름 날 것이다. 사실 우리나라를 비롯한 국제 사회는 잭슨이 교체되든 살아남든 큰 관심이 없다. 20달러의 가치는 그대로일 테니 말이다. 오히려 더 걱정스러운 것은 때때로 이랬다저랬다 하며 참을성도 없어지는 미국의 불확실성이 뉴 노멀로 자리 잡고 있다는 사실이다.

왜 바이든이든
트럼프든
미국 밖에서는 하는 게 비슷할까

"대통령은 무죄
The President is Not Guilty"

상원의장이 공식적으로 트럼프 대통령에게 무죄 ^{Not Guilty} 를 선고하는 순간, 상원 본회의장과 방청석은 차분했지만 의사당 복도에서 이 장면을 화면으로 지켜보던 지지자들은 짧은 환호성을 질렀다. "트럼프를 끌어내자 ^{REMOVE TRUMP} "라는 구호가 새겨진 후드티를 맞춰 입고 온 반대파는 심드렁하게 그들을 바라봤다. 어차피 당시 여당인 공화당이 상원 의석 과반을 차지해 결말은 정해진 상황, 지지자도 반대파도 이제는 탄핵 국면 이후를 생각하는 듯했다.

2020년 2월 5일은 전년도 가을부터 이어진 4개월 간의 트럼프 탄핵 정국이 끝나는 날이었다. 나는 당시 미 의사당 상원 방청석에서 역사적인 현장을 지켜봤다. 상원 규정(6조 방청석)에 따라 사진 촬영은 금지됐고 휴대전화도 반입이 불가했다. 필기를 하거나 읽는 행위도 금지다. 손뼉 치는 것을 포함해 회의 진행에 영향을 주는 어떠한 제스처도 할 수 없다. 심지어 졸지도 못한다(고개를 숙이고 있으면 경위가 와서 말을 건다). 그런 규정 덕분에 회의에 집중할 수밖에 없었는데, 그럴수록 예견된 결과에 집중력이 떨어졌던 기억이 새롭다.

트럼프는 앤드루 존슨, 빌 클린턴, 리처드 닉슨에 이어 현직 미국 대통령으로선 네 번째 탄핵 소추 대상이 됐고, 존슨과 클린턴에 이어 세 번째로 하원에서 탄핵안이 통과됐지만 상원에서 부결됐다. 트럼프는 이후 2021년 1월 6일 의사당 난입 사태를 배후 조종한 혐의로 다시 탄핵안이 하원에서 통과되면서 4년 임기 중 두 차례 탄핵 대상이 된 역대 최초 타이틀을 얻었다.

트럼프가 2024년 대선 재수에 도전하면서 "Not Guilty" 목소리가 다시 커졌다. 트럼프는 사생활 폭로를 막기 위해 불법으로 선거 자금을 쓴 혐의로 2023년 4월 전직 대통령으로서는 처음으로 기소된 이래 1.6 의회 폭력 사태 선동, 조지아주 대선 결과 뒤

반트럼프 시위대가 뉴욕 트럼프 타워 앞에서 피켓 시위를 벌이고 있다.

출처: 직접 촬영

집기, 기밀문서 반출 등의 혐의로 연이어 형사 기소됐다.

　그러나 트럼프는 이 같은 사법 리스크를 2024년 대선 도전의 발판으로 삼았다. 조지아주 법정에서 찍었던 머그샷(범죄자 인상착의 기록 사진)을 활용해 티셔츠와 NFT(대체 불가능 토큰) 카드를 만들었다. 심지어 당시 입었던 양복을 몇 백 조각으로 잘게 쪼개 '트럼프 굿즈'를 만들어 수백억 원의 선거 자금을 모으기도 했다. 이쯤 되면 트럼프 입장에서는 미국 검찰에 절이라도 하고 싶을 것이다.

"미국에 반대해 베팅하지 말라

Never Bet against America"

조 바이든 대통령이 도박betting을 즐기는지 여부는 알려지지 않았다. 그러나 '베팅betting'을 좋아하는 건 확실하다. 바이든은 잊을 만하면 "미국의 반대편에 베팅하는 건 결코 좋은 베팅이 아니다"라는 말을 입버릇처럼 했기 때문이다.

　2023년 6월 8일 《월스트리트저널》에 직접 "절대 미국 경제에 반대해 베팅하지 말라Never Bet Against the American Economy"라는 제목의 기고문을 실었고, 앞서 2월 7일 상하원 합동회의 국정연설에서도 같은 경고를 한 바 있다. 심지어 2022년에는 48페이지 분량의 국가안보전략National Security Strategy을 공표했는데[68] 아예 서문에 '베팅'

발언을 다음과 같이 적어 넣었다. "전 세계의 국가들은 다시 한 번 미국에 반대해 베팅하는 것이 좋은 베팅이 아니라는 것을 보고 있다Around the world, nations are seeing once again why it's never a good bet to bet against the United States of America."[69]

바이든의 트레이드마크가 된 '베팅' 발언은 주로 경제 분야에서 미국의 우위를 강조할 때 즐겨 사용하는 표현인데, 종종 '중국 편에 서면 안 된다'는 경고성 메시지를 발산할 때 쓰기도 한다. 한마디로 미국 우선주의를 뜻하는 바이든식 표현으로 굳어진 셈이다. 바이든은 우리나라를 상대로도 '베팅' 발언을 빼먹지 않았다. 2022년 5월 윤석열 정부와 첫 한미 정상회담 자리에서도 했고, 거슬러 올라가 2013년 부통령 신분으로 방한했을 때 당시 박근혜 대통령을 만나서도 했다.[70]

트럼프가 '낫 길티not guilty'를 입에 달고 산다면 바이든은 '베팅betting'을 달고 산다. 공교롭게도 두 사람은 2024년에 대선 재대결을 펼친다. 전현직 대통령 간 리턴 매치는 1892년 그로버 클리블랜드와 벤저민 해리슨 이후 130여 년 만에 처음이다. 당시 결과는 1승 1패.

이번에는 과연 누가 이길지 지켜보는 사람은 흥미롭겠지만 사실 누가 되든 미국의 대외 정책은 별 기대할 게 없다. 누가 되든 동맹 관계나 기존의 국제 질서 바로 앞에 미국의 이익을 끌어다 놓으려고 할 것이기 때문이다. 누가 되든 미국 대통령은 무엇

을 해도 죄가 되지 않으니Not Guilty 감히 맞설 생각을 하지 말라Never
Bet고 할지도 모른다.

미국이 돌아왔다고?
사실은 '순한 맛 트럼프' 바이든

2016년 11월, 트럼프가 힐러리를 꺾고 백악관을 차지했을 때 국
제 사회는 '그래도 별일 있겠느냐'는 분위기였다. 그런데 트럼프
는 '아메리카 퍼스트America First' 기조에 맞춰 거의 모든 대외 정책을
거칠게 재구성했다. 아메리카가 퍼스트 하지 않다면 동맹국의
이익이나 동맹 관계의 가치는 우선순위에서 밀렸던 것이다.

특히 트럼프는 안보 문제를 철저하게 비즈니스로 접근했다.
지정학적 역내 관계를 관리하는 차원이 아니라 그냥 돈 관리 차
원이었고, 합리적인 비용 편익 분석에 따른 조정이 아니라 그냥
비용 문제로 바라봤다. 한마디로 "미국 돈을 다른 나라에 쓰기
싫다"라는 것이다.

이 때문에 트럼프는 한국이나 독일 같은 경제 선진국이 왜 미
군 주둔에 필요한 방위비 분담금을 더 부담하지 않느냐고 여러
차례 불만을 제기했다. 이른바 무임승차론이다. 북한의 도발에
맞대응하는 차원에서 전략 폭격기를 보내는 것도 아까워했다.

문재인 정부 시절 한 청와대[71] 고위 관계자가 "B-1B가 괌에서 한 번 오는 데 30억 원 드는데, 착륙하면 기름이 더 소비되니 착륙하지 않고 돌아간다"라고 말한 적이 있다.

한미연합훈련에 대해서도 순전히 돈 때문에 난색을 표하기도 했다. 2017년에 마지못해 승인한 한미연합 미사일 훈련이 끝난 얼마 뒤 정상 통화에서 트럼프는 문재인 대통령에게 이런 질문을 했다고 한다. "나도 그 훈련 영상을 봤는데 어떤 미사일이 한국 것인지, 어떤 게 미국 것인지 모르겠던데요. 아무튼 그건 돈 낭비예요."[72]

이 때문에 2017년 11월 트럼프가 처음 방한했을 때 우리나라는 돈 문제가 정면으로 거론될까 봐 노심초사했다. 당시 청와대 관계자는 "브룩스 주한 미군 사령관이 트럼프에게 평택 험프리스 미군 기지 조성에 들어간 비용의 90퍼센트 이상을 한국이 댔다고 설명하면서 기지 전도와 워싱턴 D.C. 지도를 겹쳐 보여 주는 PPT 브리핑을 했다"라며 "한국이 기여한 비용이 얼마나 큰 액수인지를 시각적으로 보여 줘 무임승차론은 사실과 다르다는 것을 설득했다"라고 밝히기도 했다.

트럼프는 인쇄된 것이라면 읽기는커녕 대충 훑어보지도 않는다고 알려졌는데[73] 이런 성격을 잘 활용한 덕분인지 몰라도 트럼프는 한국의 기여에 상당히 수긍했다고 한다. 그러나 그것도 잠시뿐 트럼프는 잊을 만하면 방위비 인상을 요구했고 아프가니스탄에서도 비용이 많이 든다는 이유로 대책 없이 철수할 생각을 했다(결국 아프간 철수는 바이든 행정부에서 실현됐는데, 대책 없이 철수한 건 마찬가지다).

그래서 2020년 11월, 바이든이 트럼프를 꺾고 백악관을 탈환했을 때 국제 사회는 안도하는 분위기였다. 취임식에서 "미국이 돌아왔다"라고 말했을 때는 감격스러울 정도였다. 트럼프 시절 생긴 동맹의 틈을 다시 메우고 일말의 불안을 해소해 이전의 국제 질서로 되돌아갈 것이라고 생각했다. 그런데 바이든은 전임자의 여러 정책을 뒤집으면서도 '미국 우선주의'에 기반한 대외 정책 기조는 거의 건드리지 않았다.

트럼프의 '아메리카 퍼스트'는 바이든으로 넘어와 '바이 아메리칸 Buy American'으로 좀 더 정교해졌다. 바이든은 취임하자마자 미국 제조업 부흥을 위해 연방 정부의 국산품 이용을 독려하는 '바이 아메리칸 행정명령'에 서명했다. 한국 전기차 회사를 차별해 논란이 됐던 인플레이션 감축법 Inflation Reduction Act을 비롯해 인프라 투자법, 반도체 지원법 등을 잇따라 통과시켜 해외 투자를 블랙홀처럼 빨아들였다. 바이든은 미국 제조업 기업이 아메리카로 돌아오는 리쇼어링 Reshoreing도 독려하고 있다. 그가 내건 '3B Build Back Better(더 나은 재건) 정책'은 동맹의 이익과 상충하는 일이 있더라도 미국 우선을 명확히 하겠다는 뜻을 내포한다.

트럼프가 수입품에 대한 무거운 관세로 채찍질을 한다면 바

수도 워싱턴 D.C. 전경. 출처: 직접 촬영

이든은 아예 관세가 필요 없는 미국 내 생산을 당근으로 제시한다. 다른 나라 입장에서는 어느 것이나 도긴개긴이긴 하다. 《월스트리트저널》은 바이든의 '바이 아메리칸'과 트럼프의 '아메리카 퍼스트'가 국산품 애용이란 점에서는 유사하다고 보도하기도 했다.[74]

이런 점에서 보면 트럼프는 차라리 정직한 편이다. 바이든은 "미국이 돌아왔다"라며 국제 사회를 안심시킨 뒤 정작 4년간 동맹과 자국의 이익이 상충할 때는 한 치의 고민도 없이 자국 우선주의를 택했기 때문이다. 바이든 행정부가 대외 무역 정책에서 보여 준 건 '파란색(민주당 상징색) 트럼프'나 '착한 트럼프주의'라고 해도 크게 틀리지 않는다. 결국 성마른 '정치 신인' 트럼프가 거칠고 요란하게 "아메리카 퍼스트"를 외쳤다면, 노회한 '정치 9단' 바이든은 조용하지만 집요하게 "아메리카 퍼스트"를 구현하는 차이가 있을 뿐이다.

따라서 바이든의 "미국이 돌아왔다"라는 발언 맨 앞에 '트럼프'라는 말이 실수로 빠진 게 아니냐고 지적해도 별로 이상해 보이지 않는다. 민주당과 공화당은 하루가 멀다 하고 으르렁거리고 있으나 정작 미국 밖에서는 비슷한 목소리를 내는 이 같은 흐름은 이제 미국에서 '국룰'이 되고 있다.

정상 국가가
되고 싶은 미국

일반적으로 민주당의 대외 정책 노선은 인권과 민주주의 가치 아래 협력을 추구하는 자유주의적 접근을 선호한다. '말로 해결하자'는 주의로 인권 외교를 강조한 카터 정부를 생각하면 된다. 반면에 공화당은 직접적인 군사력 투사와 힘에 의한 평화처럼 현실주의적 방식을 선호한다. '여차하면 때린다'는 노선으로 로널드 레이건이나 조지 W. 부시 행정부를 떠올리면 된다. 국제 무역 정책 기조에서도 민주당은 자유무역 기조가 강한 데 비해 공화당은 보호주의 성격이 짙다고 받아들인다.

양당의 기조가 비교적 뚜렷하지만 늘 그런 것은 아니다. 대통령의 성향이나 국제 환경에 따라 기조가 뒤바뀌는 일이 종종 생긴다. 2차 세계대전 직후 '힘 대 힘'으로 맞붙는 소련 봉쇄 정책을 입안한 건 민주당의 트루먼 행정부였고, 냉전을 잠시 유연하게 만든 데탕트를 열었던 건 공화당의 닉슨 행정부였다.

2016년 대선에서도 트럼프는 공화당의 전통적 기조에서 벗어나 '미국 우선주의' 슬로건을 앞세우고 신고립주의적 대외 정책 노선을 제시했다. 힐러리 역시 무력 사용보다 외교를 우선하는 민주당의 전통적 기조를 벗어나 공세적인 개입을 주장했다. 힐러리는 '국방에 강경한 입장'을 보이는 공화당보다 더 매파적

인 공약을 제시했다는 평가를 받기도 했다. [75]

게다가 트럼프 집권 4년간 트럼피즘은 미국 사회 전반에서 강한 생명력을 보여 줬다. 바이든 행정부가 들어섰음에도 일거에 제거하기 힘들 정도로 뿌리를 단단히 내렸다. 민주당 정부라도 미국 국민 절반 가까이 지지하는 트럼피즘을 마냥 무시하기는 힘들어졌다. 이 때문에 미국의 47대 대통령이 누가 되든 상관없이 트럼프와 바이든의 자연스러운 이종 교배를 가능하게 만든 미국 사회 저변의 근본적 변화에 주목해야 한다.

냉전 시기 미국이 구축한 자유주의 국제 질서는 미국이 손해를 봐야 유지되는 체제였다. 미국은 무역 적자를 감수하며 동맹국의 성장을 도왔고, 이는 안보적 결속을 강화하는 데 기여했다. 그런데 언제부터인가 미국의 태도가 달라지기 시작했다. 다 숨 넘어간 줄 알았던 러시아가 어느새 기운을 차리고 맡긴 돈 내놓으라는 듯 행패를 부리든 말든, 이스라엘과 이란과 북한이 저마다의 이유로 끊임없이 선을 넘든 말든 소극적으로 반응하는 것이었다.

대신 그럴 시간에 미국의 패권을 턱밑까지 추격해 온 중국에 집중하거나 같은 편이라고 봐줬던 동맹 국가들과 경쟁하는 데 주저하지 않았다. 지난 시절 세계의 안정과 번영이, 냉전의 궁극적 승리가 미국 스스로의 양보와 용인의 바탕 위에서 이룩된 성과임을 모를 리 없지만, 이젠 짐짓 모른 척하자는 것이다.

그런데 이러한 정서는 트럼프가 등장하며 갑자기 생긴 게 아니다. 냉전이 끝나고 2000년대 들어 서서히 자리 잡았다.

미국인들은 미국이 유일한 세계 최강 슈퍼파워로서 존재하는 데 관심이 사라지고 있다. 오히려 미국 정부가 왜 다른 나라들처럼 국익을 우선하지 않고 자유주의 질서를 보존하기 위해 도덕적 물질적 외교적으로 엄청난 책임을 기꺼이 감수하는지 의아해한다. 국제 관계에서 개별 국가가 국익을 추구하는 게 지극히 정상적이란 전제에서 보면 지금까지 미국은 가장 비정상적인 국가였던 셈이다. 이런 점에서 여느 정상 국가들처럼 국익 추구를 해야 한다는 인식이 퍼지고 있다. 국제 관계 전문가인 로버트 케이건은 이를 단순히 미국의 '고립주의isolationism'로 일컫는 것은 잘못이라고 지적한다. 너무 당연한 의문이란 것이다. [76]

실제 퓨 리서치 센터의 2016년 여론조사에 따르면, 미국인 57퍼센트는 미국 정부가 국내 문제에 신경 써야 하고 다른 나라도 자기네 문제를 스스로 해결하도록 내버려 둬야 한다고 응답했다. 15년 전에는 이런 생각을 하는 미국인이 30퍼센트에 불과했다. 또 국제 문제를 해결하는 데 미국의 역할이 더 필요하다고 본 이들은 27퍼센트에 그쳤다. [77] 2000년대를 사는 미국인은 '오지랖 넓은' 미국이 아니라 '자국민한테만 잘해 주는' 미국을 원하고 있다.

블루 트럼프 ? 레드 바이든?
누가 되든 '아메리카 퍼스트'

이런 측면에서 볼 때 많은 사람이 트럼프가 세계 질서를 무너뜨린다고 비난하지만 정작 트럼프는 원죄가 없다[not guilty]. 비록 실개천처럼 흐르던 고립주의 정서의 밑바닥을 자극하고 긁어내 넓고 깊은 강을 만드는 역할을 한 건 맞지만, 트럼프가 없던 물길을 새로 뚫은 것은 아니기 때문이다.

실제로 트럼프 특유의 직설 화법에도 불구하고 미국 정책의 궤적은 그다지 바뀌지 않았다. 대표적으로 트럼프는 아프가니스탄 철수를 주장했지만 결국 철수를 실행한 건 바이든 정부 들어서다. 지정학 전문가 피터 자이한은 "미국에서 좌우 진영을 막론하고 서로 의견 일치를 보는 한 가지가 있다면 해외 문제에 미국이 개입하는 정도를 줄여야 한다는 정서"라며 "미국의 고립주의는 트럼프에서 시작된 게 아니며 트럼프에서 끝나지도 않는다. 미국이 안보를 우선시하기 위해 경제의 역동성을 포기하는 개념은 더 이상 작동하지 않고 있다"라고 진단했다. [78]

바이든 역시 '미국 우선주의'에 계속 판돈을 걸 것이다[never bet against America]. 민주당 지지층의 정서가 트럼프 지지층과 크게 다르다고 볼 근거가 없기 때문이다.

바이든이 대선 후보 시절 《포린어페어즈》에 기고한 "왜 미국이 다시 세계를 리드해야 하는가?"라는 글에서 자신의 외교 정책 비전을 밝힌 적이 있다. 그는 국내 민주주의 혁신, 미국 중산층을 위한 외교 정책 추진, 국제 사회 리더의 자리로 복귀를 제시했다. [79] 여기서 두 번째가 중요하다. '미국 중산층을 위한 외교'라는 목표는 대외 정책이 국내 정치에 영향을 받을 수밖에 없다는 것을 내포한다. 다시 말해 지지층이 원하지 않는 대외 정책은 하지 않겠다는 선언으로도 볼 수 있다.

'봉쇄 정책의 입안자' 조지 F. 케넌은 "국내의 특정 진영에서 박수갈채를 받으면, 설령 대외적 영향 면에서 무척 비효율적이거나 심지어 자멸적이라 해도 워싱턴에서는 성공으로 평가받는다"라고 말한 바 있다. [80]

이 때문에 그동안 익숙했던 클린턴, 오바마의 민주당이나 레이건, 부시 부자의 공화당이 이끌어 가는 미국은 이제 역사책에서나 볼 수 있다는 분석도 나온다. [81] 그래서 2024년 대선의 리턴 매치가 보는 재미야 있겠지만 동맹국들 입장에서는 누가 되든 마냥 반갑지만은 않은 것이다.

왜 미국은
하루가 멀다 하고
전쟁을 벌였을까

20년 만의 야반도주

2021년 8월 30일 자정에 가까운 시간, 로이드 오스틴 미 국방부
장관을 비롯한 미군 수뇌부는 버지니아주 알링턴의 펜타곤 벙커
에 모여 초조하게 화면을 응시했다. 카메라가 가리키는 곳은 아
프가니스탄 수도 카불의 하미드 카르자이 국제공항. AP통신 등
에 따르면 침묵이 너무 무거워 바닥에 핀이 떨어지는 소리까지
들릴 정도였다. 마침내 11시 59분, C-17 수송기가 활주로를 이륙
하자 여기저기서 숨소리가 들렸다. 그건 안도감일까 아쉬움일까.

다음 날 미 국방부는 사진 한 장을 공개했다. '아프간을 떠나는 마지막 미군The last American soldier to leave Afghanistan'이라는 제목을 달았다. 미 육군 82공수사단장 크리스토퍼 도너휴 장군이 부하들이 전부 탑승한 걸 확인한 뒤 마지막으로 C-17에 오르는 장면이다. 야간 투시경으로 촬영한 푸른 빛깔의 마지막 미군이 발산하는 건 안도감일까 아쉬움일까.

2001년 9.11 테러 직후 시작돼 무려 20여 년 동안 이어진 미국의 아프가니스탄 전쟁은 그렇게 끝이 났다. 미국은 역사상 가장 오랜 기간 전쟁을 치렀지만 남은 것은 세계 최강 미군이 야반도주하는 사진 한 장 정도다.

그 후 오랜만에 전쟁에서 벗어나 평화로운 시대가 도래했다. 그런데 미국이 지금처럼 전쟁을 멈춘 평화 시절이 왠지 낯설다. 미국은 전체 역사의 4분의 1 정도 기간 동안 전쟁을 해왔기 때문이다. 2차 세계대전 이후로 좁히면 2분의 1의 기간을, 다시 21세기로 좁히면 거의 매일 전쟁을 해왔다. 사실상 전쟁이 일상이었던 나라였기에 지금이 또 다른 전쟁을 앞둔 전간기戰間期인지 영구 휴지기인지 알 수 없다.

나흘 중 하루는
전쟁한 나라

미국은 건국 이래 끊임없이 전쟁을 해왔다. 영국 식민지에서 전쟁을 치르고 독립을 쟁취했으니 탄생부터 전쟁으로 시작했다. 쑥과 마늘만 먹던 곰이 인간으로 변신했다거나 늑대 젖을 먹고 자란 왕이 나라를 창건하는 건국 신화는 애당초 기대할 수 없는 짧은 역사를 지녔지만, 전쟁의 역사만큼은 여느 나라에 뒤지지 않는다.

미국은 독립전쟁을 시작한 1775년부터 2014년까지 707개월 (24.6퍼센트)이 전시였다. [82] 전체 역사 240여 년의 4분의 1인 59년 동안 전쟁을 치른 셈이다. 이후로도 아프가니스탄 전쟁이 2021년 8월까지 이어졌으니 지금은 퍼센트가 늘었다. 정확히 26.3퍼센트(2024년 6월 말 기준)가 전시 기간이었다.

미국은 1775년부터 영국에 맞서 8년간 싸웠다. 독립전쟁이 끝나고 30년이 지난 1812년 다시 영국과 3년간 전쟁을 치렀다. 그로부터 34년 뒤 멕시코와 싸워 승리했고, 약 13년 후 남북전쟁이 발발했다. 그 후 북미 대륙의 인디언 국가와 전쟁이 이어졌고 1898년에는 스페인과 전쟁이 붙었다. 다시 19년 후 1차 세계대전에 뒤늦게 참전했고, 승전국이 된 지 23년 후 다시 2차 세계대전에 뒤늦게 뛰어들었다. 뒤이어 한국전쟁과 베트남 전쟁이 숨

미국 독립전쟁 이후 1814년 영국 군대가 수도를 점령해 공공 시설물을 불태운 사건을 표현한 그림 〈워싱턴 방화〉.

가쁘게 이어졌고, 한숨 돌리나 싶더니 걸프 전쟁이 터졌다. 뉴 밀레니엄이 시작된 2001년 이라크와 아프가니스탄에 잇따라 선전 포고를 했고, 사실상 21세기 내내 전쟁을 계속했다.

전쟁의 성격도 가지가지다. 초기에는 영국으로부터 독립을 하거나 영토를 확장하거나 식민지를 뺏기 위해(멕시코전, 스페인전) 전쟁을 벌였다. 또 상공업 국가냐 농업 국가냐 하는 국체를 결정하기 위해 내전(남북전쟁)도 감수했다. 반면에 하고 싶지 않았지만 어쩔 수 없이 휘말리거나(1, 2차 세계대전), 쓸데없이 참견한 전쟁(베트남전)도 있었다.

이쯤 되면 미국을 상시적 전시 동원 국가로 봐도 무방하다. 북한식 선군정치 수준은 아니더라도 사실상 전쟁으로 국력과 영향력을 확대해 온 전쟁 친화적 국가임에는 틀림없어 보인다. 역대 미국 대통령 46명 중 조지 워싱턴, 앤드루 잭슨, 윌리엄 헨리 해리슨, 재커리 테일러, 율리시스 S. 그랜트, 시어도어 루스벨트, 드와이트 D. 아이젠하워 등 일곱 명이나 군 지휘관 출신이다.

미국은 왜 하루가 멀다 하고 전쟁을 해왔을까. 전쟁광이라서? 아니다. 고대 지중해 도시국가든 현대 강대국이든 안보를 위해 전쟁을 하는 경우는 있어도 싸우는 게 좋아서 전쟁을 하는 나라는 없다. 게다가 호전적인 국가가 정작 국내에서는 고도의 민주주의 제도를 운영하기란 사실상 불가능하다. 미국은 전시 동원 체제를 국가 통치 모델로 삼는 병영 국가가 아니라 주기적으

남북전쟁 당시 버지니아 북부에서 양측이 격렬하게 맞붙었던 2차 머내서스 전투 재현 행사(2019년)를 하고 있다.

로 정권이 교체되는 민주주의 국가다.

그러면 거대 제국을 건설하기 위해서? 딱히 그렇게 보이지도 않는다. 19세기 유럽 열강은 경제적 목적 때문에 앞다퉈 식민지를 만들고 이 과정에서 전쟁을 벌였다. 그러나 미국의 전쟁사에서 서구 열강과 가장 유사한 제국주의 성격의 전쟁은 '미국-스페인 전쟁'이 사실상 유일하다.

게다가 미국은 산업화 이후 내수 중심 경제 구조를 완성해 국내총생산(GDP)에서 수출과 수입이 차지하는 비중이 10분의 1 수준에 불과하다. 따라서 해외 무역을 하면 미국에 유용하기는 하나 그것을 보장하기 위해 거대한 식민지를 거느린 제국을 만들어야 할 만큼 유용하지는 않다는 뜻이다. [83]

결국 질문을 바꿔야 의문이 풀린다. 미국이 왜 자기 나라 역사의 4분의 1 동안 전쟁을 했는지가 아니라 왜 20세기 이전과 이후 전쟁의 성격이 다른지, 왜 2차 세계대전을 기점으로 전쟁의 빈도가 증가했는지, 왜 최근까지 전쟁을 그만두지 못했는지를 물어야 한다.

2차 세계대전 이전까지는 그 나름의 불가피한 사정이 있었다. 독립을 하려면 싸워야 했고 외세가 나라를 위협하니 싸워야 했다. 연방을 탈퇴하고 나라를 분단시키려는 세력을 그냥 보고만 있을 수 없었으니 싸워야 했다.

두 차례 세계대전에 참전한 것도 어쩔 수 없는 선택이었다.

영국의 역사학자 에릭 홉스봄은 1차 세계대전 이전까지를 극단의 시대, 2차 세계대전까지는 파괴의 시대로 규정했는데, 파시즘과 군국주의가 판치는 극단과 세계의 파괴를 막을 유일한 보루는 미국밖에 없었기 때문이다. 전쟁으로 더 큰 파괴를 막는 역설의 시대였던 것이다. 문제는 세계대전이 끝난 이후부터다.

전쟁의 시대가 끝나자
전쟁을 확대한 미국

미국은 전쟁의 시대가 끝나자 오히려 본격적으로 전쟁의 늪에 빠졌다. 1945년 9월 2일 2차 세계대전 종료 후 지금까지 78여 년 동안 전쟁 기간은 44여 년(한국전 1950~1953년, 베트남전 1955~1975년, 걸프전 1990~1991년, 아프간전 2001~2021년)으로 무려 57퍼센트에 달한다. 2년에 한 번꼴로 전쟁을 치른 셈이다. 세계대전이 끝났지만 정작 미국의 전쟁은 더 격화되는 아이러니의 시대가 도래했다.

미국의 선택이 달라진 결정적 사건은 1941년 일본의 진주만 공습이다. 패권국으로 올라선 이후 사실상 처음으로 자국 영토가 공격당하자 미국 외에 패권국이 존재하는 한 미국의 생존과 안녕은 어렵다는 생각이 각인된 것이다.

소련과 양강 구도를 형성한 냉전 시기에 이러한 안보 개념은 더 고착화된다. 베트남 전쟁을 이끌던 딘 러스크 국무장관은 "세계 전체가 이념적으로 안전한 곳이 될 때까지 미국은 결코 안전할 수 없다"라고 선언했는데, 이 말은 당시 미국의 인식을 잘 보여 준다. [84] 그 결과 세계 곳곳에서 툭하면 전쟁을 벌였으며, 제3세계가 반미 성향이라면 '묻지도 따지지도 않고' 전복시킬 생각부터 했던 것이다.

마침내 소련이 붕괴하자 이런 인식에 변화가 생기는 듯했다. 주적이 사라졌으니 이젠 예방 전쟁을 끝낼 때도 됐다는 모멘텀이 싹트기 시작했다. 그런데 2001년 80여 년 전 '진주만 쇼크'를 능가하는 9.11 테러가 터지자 '전쟁 피로감'은 한순간에 사라졌다. 하와이의 진주만은 미국 본토에서 수천 킬로미터 떨어진 영토이지만 9.11은 북미 대륙 안, 그것도 미국의 심장인 뉴욕 맨해튼에서 벌어졌기 때문에 미국인들의 충격은 상상 이상이었다.

그 결과 미국은 소련이 무너진 이후에도 전쟁을 멈출 수 없었다. 21세기 이후로 기간을 좁히면 2021년 9월부터 몇 년 정도를 제외하고 하루도 빼놓지 않고 전쟁을 치를 수밖에 없었다. 미국은 탈냉전 후 명실상부한 일인자로서 자유주의적 패권을 유지하기 위해 적극적으로 세계 곳곳에 개입했고 더 많은 전쟁에 연루됐다. 하지만 그 결과는 알다시피 대체로 실패했다.

'전쟁 불사' 네오콘과
'전쟁 필요악' 진보는 한 끗 차이

그 책임의 한 축에는 네오콘neo-conservatives으로 알려진 신보수주의자 그룹이 존재한다. 미국이 탈냉전 이후에 오히려 전쟁을 더 자주 벌인 이유를 분석할 때 네오콘을 빼놓고 설명하기는 쉽지 않다. 네오콘은 미국 공화당의 신보수주의 세력으로 '힘이 곧 정의'라는 믿음 아래 군사력을 바탕으로 세계 패권을 유지해야 한다고 생각한다.

미국은 2차 세계대전 이후 냉전 전략을 고안했는데 세 가지 기본 전제가 바탕에 깔렸다. 하버드대학교 교수 그레이엄 앨리슨에 따르면 첫째 소련의 존재 자체가 위협이란 점, 둘째 미국 외교의 근본 목적은 "자유 국가인 미국의 기본적인 제도와 가치를 보존하는 것"이란 사실, 마지막으로 이를 위해 동맹 관계로 얽히는 것을 피해 온 그간의 태도로부터 과감하게 탈피하는 것이었다. [85]

냉전이 끝나며 첫째 조건은 중국으로 대체됐다. 미국은 정권에 따라 고립과 관여 정책이 변하기도 하기 때문에 셋째 조건 역시 유동적이었다. 여기서 변하지 않는 건 두 번째 전제 즉 미국식 가치를 수호해야 한다는 인식뿐이었다.

미국식 가치를 수호해야 한다는 사명은 생각보다 뿌리가 깊다. 조지 프리드먼은 "미국이 우선적으로 추구해야 하는 사명은 도덕적 미덕의 본보기가 되는 것이고 미국의 힘을 이용해 미국이 표방하는 원칙을 수호하고 확산시켜야 한다는 주장이 있다"라며 "여느 나라처럼 행동하면서 미국의 경제적 전략적 이익만 방어한다면 미국의 사명을 저버리는 셈이란 믿음에서 비롯됐다"라고 밝혔다. 프리드먼에 따르면 대부분의 나라가 미국이 세운 도덕적 기준을 준수하지 않는다는 점이 문제이며, 이 때문에 끊임없이 전쟁을 치르게 된다는 것이다. [86]

이제 목적이 옳기 때문에 방법은 아무래도 상관없다. 미국의 가치를 기꺼이 받아들여야 할 제3세계 국민이 바로 그 목적을 위해 동원된 군사적 수단에 목숨을 위협받는 모순이 발생해도 말이다. 이스라엘 역사학자 유발 하라리가 "오늘날 많은 미국인은 자신들의 정부에는 제3세계에 민주주의와 인권의 혜택을 가져다줄 도덕적 의무가 있다고 주장한다"라며 "그런 좋은 것들을 순항 미사일과 F-16 전투기로 배달해야 하더라도"라고 지적한 것도 무리가 아니다. [87]

이런 인식을 체화한 정치 세력이 바로 네오콘이다. 2001년 부시 정권이 집권하며 네오콘계의 좌장 딕 체니를 비롯해 도널드 럼즈펠드, 존 볼턴 등 강경 매파가 전면에 부상했다. 마침 9.11이 터지면서 이들은 날개를 달았다. 미국적 가치를 위협하고 말살하려는 세력이 과거의 공산주의 '국가'나 '진영'에서 중동의 테러리즘 '현상'으로 바뀌었더라도 여전히 국가적 차원의 전쟁이 필수적이라고 믿었다. 이들은 부시 대통령의 이름을 딴 '부시 독트린'을 내놓고 보다 합법적으로 아프가니스탄과 이라크를 침공했다.

그런데 미국인은 뉴욕이 공격당하자 응징이 필요하다는 생각에는 동의했지만, 누구를 응징해야 하는지를 구체적으로 인식하는 게 쉽지 않았다. 과거에는 '공산주의 화신'이자 '악의 제국' 소련이 명확히 존재했지만, 소련이 사라진 뒤 비집고 들어온 테러리즘의 실체는 불분명했기 때문에 소련에 대응하듯 군사력을 동원하는 것은 과도한 게 아니냐는 의문이 생길 법하다. 그러자 네오콘은 일반인이 적을 '쉽게 인식하는 것을' 돕기 위해, 그래서 '테러와의 전쟁'의 명분을 얻기 위해 새로운 적을 만들어 내기에 이른다. 바로 테러 지원국이자 '악의 축Axis of Evil'으로 명명된 이라크다.

악의 축은 부시의 연설문을 담당했던 데이비드 프럼이 만든 용어다. 2차 세계대전 당시 적국이었던 '추축국Axis'(독일, 일본, 이탈리아)에서 따온 말로 2002년 연두교서에서 이란, 이라크, 북한을 가리키는 데 쓰였고, 이후로도 부시 행정부가 이라크전을 정당화하는 데 두고두고 활용된다. 이라크를 이란, 북한과 함께 묶은 것은 이라크가 이들 나라처럼 핵무기급의 (이후 존재하지 않는 것으로 판명난) '대량 살상 무기'를 개발 중임을 암시하고 이라크 침공의 구실을 부여하기 위해서였다. 추축국에는 진주만 기습을 감행한 일본이 있었기 때문에 9.11 공격을 진주만 기습과 연결 지으며 상징적으로 동일시하는 효과가 있었다. [88]

그러자 있지도 않은 대량 살상 무기를 빌미로 이라크를 침공하고, 오사마 빈 라덴을 잡겠다며 황량한 아프가니스탄 산악 동굴 지대로 무모하게 들어가더라도 별다른 저항이 없었다.

네오콘은 미국식 가치를 수호하기 위해 전쟁이 불가피하다고 주장할 뿐 자신들이 호전적이라거나 군산 복합체의 경제적 이익을 위해 전쟁을 외치는 게 아니라고 억울해한다. 하지만 아프가니스탄에서 C-17 수송기를 타는 마지막 미군의 사진은 네오콘의 정책이 공식적으로 실패했다는 것을 증명했다. 21세기 들어 미국이 전쟁을 피할 수 있었음에도 네오콘의 거친 신념이 실제로 구현되면서 기회를 잃은 셈이다.

네오콘만 전쟁을 선호한다고 생각하면 착각이다. 미국 민주당이나 좌파 역시 전쟁이 불가피하다고 판단할 때가 적지 않다. 미국은 건국 이념인 자유와 인권, 민주주의 등을 세계 구석구석에 전파해야 하는 역사적 사명을 띠고 만들어졌기 때문에 혹시 이를 반대하는 나라가 있다면 군사력을 동원해 교화할 수밖에 없다는 생각을 공유한다. 비록 네오콘 세력보다 무력 사용을 조금 자제하는 입장이기는 하지만 전쟁이 불가피하다는 근본 인식에는 큰 차이가 없다.

프리드먼은 "좌익과 우익은 서로 상대방과 반대 입장이라고 여기지만, 미묘한 차이가 있을 뿐 미국의 힘은 미국의 원칙을 투사하는 데 써야 한다는 생각을 지니고 있다"라고 진단했다. [89] 실제 아프가니스탄 전쟁은 부시 행정부가 시작한 전쟁이지만 정작 오바마 행정부도 돈을 쏟아부으며 전쟁을 이어 갔다. 게다가 '아랍의 봄'이라 불린 민주화 운동을 지지한다는 이유로 리비아와 시리아의 저항 운동을 지원하기도 했다.

평화를 위한 전쟁 국가?

미국의 대표적 지성인 노엄 촘스키 MIT대학교 석좌 교수는 2000년대 중반 미국 사회와 정치권에서 이른바 '민주주의 해외 판촉'이 미국 외교 정책의 우선 목표로 자리 잡은 것처럼 보였다고 진단했다. 당시는 2003년 부시 행정부가 이라크를 침공한 뒤 전쟁이 한창일 때였다. 촘스키에 따르면 민주주의를 외부에서 이식할 수 있다는 생각은 거의 종교적 의식 수준에 이르렀다. 민주주의를 해외로 수출한다는 신념은 레이건 시대에 중대한 전환점을 맞았고, 아들 부시 정부 들어 전례 없이 박차가 가해졌다는 것이다. 전쟁은 민주주의 가치를 지키기 위한 불가피한 '홍보 활동'이 된 셈이다. [90]

　하지만 미국의 전쟁 선호 성향은 자유주의적 국제 질서를 유지한다는 명목 아래 정작 현실주의 이론대로 세력 균형을 추구해 온 역사와 다름없다. 도덕적 목적을 달성하기 위해 힘과 무력이 필요하다는 주장은 모순에 가깝다.

2003년 미국에서는 설사 이라크의 주요 수출품이 석유가 아니라 상추와 피클이었더라도 기꺼이 이라크 해방을 위해 헌신했을 것이라고 믿는 사람들이 많았다. 그러나 이라크의 경우는 정반대였다. 미국의 침공 이유가 민주주의를 선물하기 위한 것이라고 생각하는 이라크인은 1퍼센트에 불과했다. 90퍼센트 이상은 미국이 이라크의 자원을 차지하고 이스라엘과 함께 중동을 입맛대로 재편하려는 목적이 크다고 생각했다. [91]

공격적 현실주의 이론의 대가 존 J. 미어샤이머는 애당초 전쟁을 도덕적 신념에 근거한 자유주의 패권의 확장 수단으로 보는 데는 한계가 있다고 지적했다.

"미국처럼 막강한 군사력을 보유한 자유주의 국가는 다른 나라에서 개인의 권리를 보호해 주기 위해서뿐 아니라 자유 민주주의를 확산시키려는 의도에서 전쟁을 치르려는 경향을 갖고 있다. 그것이 개인의 권리를 보호하고 안보 위협을 제거하는 가장 좋은 방법이라고 보기 때문이다. 하지만 지구상에 독재 국가들, 심각한 인권 유린 국가들, 군사적 위협이 되는 나라들이 결코 적지 않다는 점을 생각할 때 미국이 자유주의적 패권을 자유롭게 추구하게 놔둔다면 영구적인 전쟁 상태에 빠지게 될 것이다." [92]

게다가 미국의 군사적 개입이 원하는 결과를 가져온 사례는 사실상 2차 세계대전 승리 이후로는 찾기 힘들다. 네오콘이든 민주당이든 군사적 개입을 결정하기만 하면 더 큰 혼란을 초래했다. 한마디로 말해 '미다스Midas의 손'이 아니라 '마이너스Minus의 손'에 가까웠다. 아무리 돈과 군사력을 투입해도 현지의 사정은 전혀 나아지지 않았고, 설상가상 미국의 가치를 퍼트리기는커녕 '반미 구호'에 맞닥뜨리기 일쑤였다. 결국 전쟁 회의론이 고개를 들 수밖에 없었다. 미국 유권자들은 어느 당을 지지하든 상관없이 "이제 국제 문제에 참견하는 걸 그만두라"는 목소리를 높였다.

결국 미국식 가치를 전파하려는 역사적 소명이 깊어질수록 전쟁 빈도는 급증했고, 이는 다시 세계 곳곳에서 인류의 생명과 자유를 빼앗는 결과를 낳았다. 자유와 인권을 지키기 위한 전쟁으로 정작 자유를 억압하는 건 마치 자녀를 너무 사랑한 나머지 때리고 학대한다는 것처럼 말이 되지 않는다.

3부

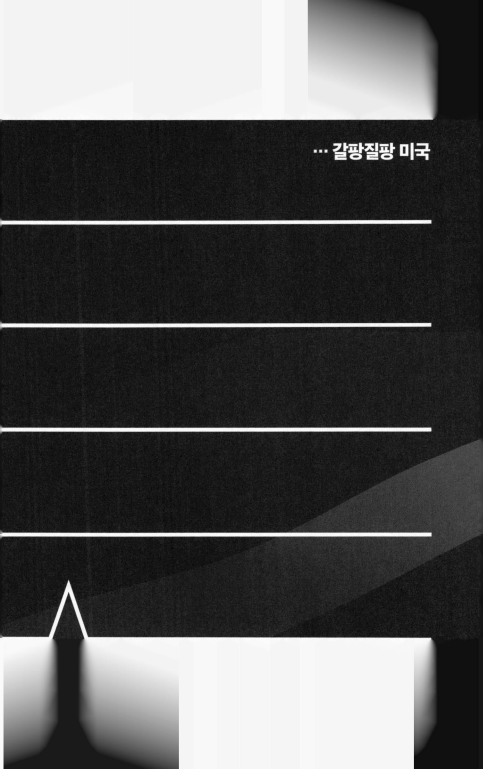

··· 갈팡질팡 미국

왜 미국은 툭하면
고립의 유혹에
넘어갈까

미국은 초식남 스타일?

미국은 원래 제국주의 DNA가 없었다! 지구 반대편까지 정치 군사력을 투사하는 제국주의적 국가와는 체질상 상극이었다. 람보와 코만도로 상징되는 근육질 마초, 불철주야 세계 평화와 국제 질서 수호에 여념이 없는 미군은 만들어진 이미지일 뿐 실상은 울타리 밖을 나가기 꺼려 하는 초식남에 가깝다.

이게 무슨 황당한 주장이냐는 반발이 나올 듯하다. 하루가 멀다 하고 전쟁을 벌였는데 무슨 소리? 오히려 인류 역사상 로마와 더불어 제국의 성격을 가장 뚜렷이 갖춘 게 미국 아니냐고 할 수도 있다. 1980년대 한국의 대학가에서 "양키 고 홈"을 외치며 반미 투쟁을 벌인 건 무엇 때문이냐고 말할지도 모른다. '미제'라고 하면 미국산Made in USA을 가리키는 미제美製를 떠올리기보다 미 제국주의의 줄임 말인 미제美帝가 먼저 떠오르지 않느냐고. 지금도 한미가 연합훈련을 할 때면 북한이 "미제와 괴뢰"라며 친절하게 구분해 주지 않느냐고. 그리고 무엇보다 미국 외교를 관장하는 부서의 이름부터가 제국의 느낌을 물씬 풍기는 국무부Department of State가 아니냐고 말이다.

실제 미국은 제국에 가깝다. 지난 반세기 넘게 전 세계 구석구석에 미군을 보냈고 미국식 자유주의 질서를 국제 표준으로 만들었다. 유엔 안보리 상임이사국 중 타국을 상대하는 행정 조직의 이름을 외교나 외무가 아니라 국무라고 사용하는 곳은 미국밖에 없다. 건국 초기에 내무와 재무 역할도 담당하다가(우리로 따지면 외교부와 행정안전부, 기획재정부 등이 결합된 거대 부서였다) 점차 이들 기능이 떨어져 나간 뒤에도 이름이 그대로 굳어졌다고는 하지만, 그럼에도 굳이 이름을 역할에 맞게 고치지 않는 건 미국에게는 외교가 곧 국내 문제라는 인식이 반영된 결과라고 볼 수도 있다.

현실주의 국제정치학의 거장 한스 모겐소 역시 미국이 느끼는 국제 관계의 위상을 국내 권력 관계로 설명한 바 있다. 모겐소에 따르면 어느 나라든지 대다수 국민은 권력 행사의 주체가 되기보다 소수의 타인이 추구하는 권력의 대상물이 되는 경우가 훨씬 많다. 이 때문에 대부분의 사람은 충족되지 못한 권력욕을 국제 관계에 투사한다는 것이다. 국제 무대에서 국가가 권력을 추구하는 것과 자신의 권력욕을 동일시함으로써 대리 만족을 얻는다는 주장이다. 모겐소는 "미국 국민이 자기 국가의 권력을 생각할 때면 옛날 로마 시민이 자신을 로마의 권력과 동일시하고 나아가 자신을 이방인과 대비해 '나는 로마 시민이다'라고 얘기할 때 필시 느꼈을 기고만장한 기분과 비슷한 감정을 맛보게 된다"라고 말했다. 경제 산업적 능력과 물질적 풍요가 타의 추종을 불허하는 강대국의 구성원이라는 사실을 생각하면서 기분이 몹시 좋아지고 굉장한 긍지를 느낀다는 것이다.[93]

하지만 불과 80여 년 전만 해도 미국의 이런 모습은 상상하기 힘들었다. 대륙이든 해양이든 팽창에 열을 내던 당대의 여느 열강과는 달리 아메리카라는 울타리 안에서 방해받지 않고 조용히 살고 싶어 했다. 냉전 이후 미국은 지구 구석구석에 개입하는 관여 정책을 추진했지만 2차 세계대전 이전까지만 해도 가급적 복잡다단한 구대륙의 세력 다툼에 휩쓸리지 않고 신대륙에서 따로 지내려는 '은둔형 외톨이' 성향이 컸다고 봐야 한다. 그래서 미국은 '원래' 제국주의 DNA가 없었다고 과거형으로 말하면 크게 틀리지 않는다.

미국이 본격적으로 국제적 강대국으로 부상한 19세기 말 이래 펼쳐 온 국제 외교 정책은 한마디로 고립과 관여^{The Policy of Isolation} and Engagement 의 반복이라고 할 수 있다. 때로는 다른 나라의 정치 경제 안보에 적극 개입하고 역내 국제 질서와 역학 관계를 자기 입맛에 맞게 구축하기도 했지만, 반대로 다른 세계가 피 터지게 싸우든 말든 제발 도와 달라고 요청하든 말든 미국 우선의 고립주의를 추구한 경우도 많다.

지정학적 지정 생존자

미국의 고립주의 DNA는 독립전쟁까지 거슬러 올라간다. 독립을 쟁취하는 과정을 거치며 영국을 비롯한 구대륙 열강과 가능한 한 거리를 두는 게 미국의 안보에 도움이 된다는 것을 깨달았다. 초대 대통령 조지 워싱턴은 1796년 퇴임 연설에서 이렇게 말했다. "뿌리 깊은 반감 때문에 특정 국가와 반목하지 말며, 어떤 국가의 열정적인 접근에도 연루되지 말 것이며, 바깥 세계에서는 항구적인 동맹들과도 일정하게 거리를 두라." 외국과 어떤 동맹도 맺지 말되 그렇다고 너무 가깝지도 너무 멀지도 않은 '불가근불가원不可近不可遠' 관계를 유지하라는 조언이다. 워싱턴의 당부는 사실상 신생 독립국 미국의 대외 전략의 근간을 이룬다. 1차 세계대전의 뒤늦은 개입을 제외하면 미국은 적어도 1941년

존 개스트의 그림 <미국인의 전진>. 미국을 상징하는 미스 컬럼비아가 전신선, 철도, 군중을 이끌고 행진하고, 어두운 왼쪽 측면에서는 북미 원주민과 버팔로들이 밀려나고 있다.

출처: 미 의회도서관

하와이 진주만이 공습받기 전까지 워싱턴의 조언대로 되도록 바깥 세계와의 분규나 동맹을 피하고자 신경을 썼다. [94]

미국이 이런 기조를 국제 사회에 공식적으로 천명한 건 '먼로 독트린'이다. 1823년 12월 미국의 제5대 대통령 제임스 먼로가 연두교서에서 밝힌 외교 방침으로, 신세계인 아메리카 대륙의 문제는 미국이 알아서 할 테니 구대륙은 간섭하지 말라는 것이었다. 즉 유럽 열강은 신대륙에서 더는 땅 욕심을 내지 말라는 경고였다.

당시 미국은 대서양에서 태평양으로 나라를 확장하는 데 온 신경을 집중했다. 존 개스트의 그림 〈미국인의 전진American Progress〉에서 잘 보여 주듯이 서부 개척은 미국의 종교적 소명이자 '명백한 운명manifest destiny'과 같은 과업이었다. 대륙 통합이라는 지상 과제를 완수하기 위해서는 서구 열강이 미국 울타리 근처에서 배회하지 못하도록 막는 게 급선무였고, 이를 위해서는 각자 영역 구분을 확실히 하는 게 필요했다.

먼로 독트린은 근래 미국이 자주 사용하는 표현을 빌리면 미국이 만들어 낸 최초의 '규칙에 기반한 국제 질서'와 비슷하다. 이 질서를 해치려는 일체의 '힘에 의한 현상 변경'(이 역시 근래 미국이 자주 사용하는 표현이다)을 반대한다는 의지가 깔려 있다. 아울러 미국 스스로도 제국주의적 팽창에 지나치게 나서지 않겠다는 생각이 담겨 있다. 모겐소는 "서반구 전체를 대상으로 영향력을 심어 나간 미국의 외교 정책도 본질적으로 지리적 조건에 의해 결정되는 제국주의 유형에 들 수 있다"면서도 "그러나 미국의 정책이 언제나 제국주의였던 것만은 아니다"라고 말했다. 모겐소에 따르면 미국은 중남미의 몇몇 국가에 때때로 제국주의적 정책을 취하기는 했지만, 아르헨티나와 브라질 등에는 직접적으로 간섭하는 대신에 기존의 우위적 세력을 유지하는 선에서 그쳤다는 것이다. 모겐소는 "이 같은 현상은 미국이 심사숙고해 결정한 정책의 결과라기보다는 어쩌다 보니 자연스럽게 그렇게 된 것"이라며 "미국은 이들 국가에 대해서 실제적 패권이라는 형태로 지배권을 강요할 수 있는 힘을 가졌지만 그렇게 하지 않기로 선택했다"라고 분석했다. [95]

비록 미국적 시각에서는 먼로 독트린이 미국의 고립주의 기조를 공표한 역사적 의미가 있지만, 미국과 같은 대륙에 있던 다른 나라 입장에서는 미국의 간섭을 합리화하는 방편일 뿐이었다. 19세기 말 포르피리오 디아스 멕시코 대통령이 "가련한 멕시코여! 신에게서는 너무 멀고 미국에는 너무 가깝구나"라며 한탄한 것도 이와 무관하다고 볼 수 없다.

어쨌든 미국이 국가로서 기틀을 다진 뒤 외교적으로 첫 목소리를 낸 게 바로 국제 사회에서 외교를 최소화하자는 고립주의 기조였다. 그만큼 미국은 꿈의 신대륙인 아메리카 개척에만 관심이 있었다.

미국이 구대륙의 열강에 맞서 상호 불간섭 원칙(이라고 쓰고 고립주의라 읽는)을 천명할 수 있었던 건 미국의 지정학적 축복을 빼놓고는 설명하기 힘들다. 미국은 거대한 대륙 국가이면서도 사실상 섬나라다. 양쪽이 각각 대서양과 태평양을 접하고 있고, 남북은 미국보다 국력이 약한 멕시코와 캐나다와 맞대고 있다. 나라 자체가 거대한 요새와 같은 셈이다.

미국은 이러한 지정학적 축복 때문에 유럽과 달리 안보에 대해 걱정할 필요가 없었다. 19세기 중반 이후 바다 건너 유럽에서는 열강들끼리 세력 다툼이 계속됐지만 미국은 광활하고 자원이 풍부한 대륙을 개척하느라 눈 돌릴 틈이 없었다.

게다가 북미 대륙 밖으로 눈을 돌려야 할 경제적 필요성도 크지 않았다. 이미 내수 시장이 충분히 성장했기 때문에 국제 무역에 대한 의존도가 낮았다. 월드뱅크에 따르면 미국은 최근에도 GDP 대비 수출이 차지하는 비중이 11.8퍼센트(이하 2022년도 기준)에 불과하다.[96] 미국과 비슷한 수출 비중을 보이는 나라는 파키스탄, 나이지리아, 우간다 등이다. 세계 GDP의 4분의 1 정도를 차지하는 경제 대국에서 수출이 차지하는 비중이 10분 1 정도밖에 안 되는 건 그만큼 내수 시장의 규모가 어마어마하다는 것을 보여 준다. 미국과 패권 다툼을 하는 중국은 GDP 대비 수출 비중이 20.7퍼센트에 달하며, 세계 최대 인구를 바탕으로 규모의 경제를 확대하는 인도 역시 22.8퍼센트에 이른다. 일본도 21.6퍼센트를 유지하고 있다.

반면에 미국은 세계 최대 수입국이지만 정작 수입이 GDP에서 차지하는 비중 역시 겨우 15퍼센트 정도다. 결국 미국은 해외 무역 없이도 사는 데 거의 지장이 없다. 세계는 살아남으려면 미국 경제가 필요하지만 그 반대는 성립하지 않는 것이다.

더구나 경제력이 커지니 그에 비례해 국력도 커졌고, 유럽 국가에 비해 더 강한 군사력을 갖추게 됐다. 유라시아가 자기들끼리 싸우다가 초토화돼도 미국은 살아남는 데 지장 없는 '지정학적 지정 생존자'의 반열에 오른 것이다. 말하자면 당시 미국은 이렇다 할 고민 없이 사는 게 재미있고 하루하루가 즐거웠다.

마지못한 1차 세계대전 참전과
책임 피하기

별다른 걱정 없이 살던 미국은 1914년 1차 세계대전이 발발하자 바다 건너 불구경하듯 유럽을 바라봤다. 먼로 독트린의 노선대로 제3자 관찰자 시점을 유지했고, 어느 편에도 서지 않는 중립을 택했다. 그런데 독일의 무제한 잠수함 작전으로 1915년 5월 7일 영국 여객선 루시타니아호가 격침되고 미국 민간인 130여 명이 사망하는 사건이 벌어진다. 여성과 아이들의 시신이 아일랜드 연안을 떠다니는 모습을 봤다거나, 일부 시신은 심하게 훼손됐다는 보도가 나오자 미국인들의 분노가 폭발했다. [97]

이 사건으로 미국이 독일에 선전 포고를 한 것으로 알려졌지만 사실은 그렇지 않다. 미국은 이때도 최대한 참전을 피했다. 하지만 2년 후 터진 치머만 전보 사건이 결정적이었다.

1917년 3월 1일 독일 외무장관인 아르투어 치머만이 멕시코 주재 독일대사에게 암호 전문을 보냈다. 만약 미국이 마음을 바꿔 중립을 포기한다면 영국 편에 설 가능성이 크기 때문에 멕시코에게 독일과 동맹을 맺고 미국을 공격하자고 제안하는 내용이었다. 이런 사실이 드러나자 미국 내 반독일 감정이 들끓었다. 미국은 결국 독일-멕시코 동맹을 저지하고 본토 방어를 위해 1917년 4월 어쩔 수 없이 참전을 결정했다.

다만 미국은 적의 동맹이 될 뻔한 멕시코를 손볼 법도 한데 그러지 않았다. 멕시코 입장에서는 미국에게 침공당하지 않은 것만으로도 천만다행이었다("가련한 멕시코여! 신에게서는 너무 멀고 미국에는 너무 가깝구나").

미국은 마지못해 고립주의를 포기했지만, 막상 전쟁에 뛰어들자 압도적인 군사력을 선보이며 1년 7개월 만에 독일을 항복시켰다. 지정학적으로 요새 같은 천혜의 환경을 구축한 미국은 세계가 안전할 때는 세상과 거리를 둘 여유가 있었지만 더 이상 안전하지 않다 싶을 때면 전례 없는 방식으로 직접 나서서 국제질서를 변화시킨 것이다.

윈스턴 처칠 영국 총리는 1차 세계대전이 끝난 후 미국에 대해 이렇게 탄식했다. "윌슨 대통령이 1917년 4월에 한 일은 1915년 5월(루시타니아호가 격침됐을 당시)에 이미 일어났어야 한다. 그때 참전했더라면 희생자 수를 줄여 고통을 덜고 파멸과 재앙을 막을 수 있었을 것이다. 수많은 가정의 빈 의자를 채울 수 있었을 것이다. 이 세상은 크게 달라질 수 있었을 것이다."[98]

미국은 1차 세계대전을 기점으로 사실상 글로벌 슈퍼파워로 부상했다. 그동안 영국이 지탱해 왔던 기존의 자유주의 질서는 무너졌다. 비록 승전국이었지만 힘이 떨어진 영국 혼자서는 국제 질서를 유지하는 역할을 감당하기 힘들어진 것이다. 영국이 힘을 못 쓰는 사이 세계는 힘의 진공으로 빠져들 가능성이 커졌고 자연스럽게 시선은 미국으로 향했다. 세계는 미국이 국제 질서를 새로 잡아주기를 요청했다.

그런데 미국은 국제 정세의 변화를 애써 외면하며 다시 고립주의로 회귀했다. 1차 세계대전 참전은 예외적인 시도였을 뿐 전쟁이 끝난 만큼 아메리카라는 안식처로 되돌아가는 게 당연하다는 것이었다. 지금껏 이렇다 할 고민 없이 평탄하게 살았는데 이런 루틴을 깰 이유가 없었다. 전후 국제 질서를 다시 잡는 건 국제연맹이나 서유럽의 승전국이 하면 될 일이었다.

당시 여론도 이를 뒷받침했다. 1차 세계대전 직후인 1919년에는 미국인들 대부분이 그러한 역할을 달가워하지 않았다. 심지어 상원은 우드로 윌슨 대통령이 제안해 창설된 국제연맹에 미국이 가입하는 것을 기각했다. 한 상원 의원이 "우리는 '미국인들을 위한 미국'과 '유럽인들을 위한 유럽'을 원하며 그것이 훌륭한 미국적 원칙"이라고 말할 정도로 고립주의 회귀 경향이 다시 강해졌다.[99]

불과 몇 년 전만 해도 참전을 지지하는 목소리가 컸지만 전쟁이 끝나자 상황이 급변했다. 참전 결정은 끔찍한 실수였고 공연히 군인 수십만 명이 헛되이 목숨을 잃었다는 것이다.

왜 윌슨 행정부가 이런 판단을 했는지에 대한 책임론이 들끓었다. 영국과 가까운 동부 해안 지역에서 발행되는 친영국 성향의 언론과 지식인들이 참전을 부추기고, 미국 정부 안에 암약하는 영국 첩자들이 자신들에게 유리하도록 미국을 조종했다는 '가짜 뉴스'가 힘을 얻었다. 금융가와 무기 제조업체도 한몫 챙기려고 참전을 옹호했다는 비판을 피하기 힘들었다. 무엇보다 독일이 승리했더라도 미국의 핵심 이익이 위협받지 않았을 것이란 목소리가 커졌다. 당시 널리 받아들여지던 공통된 견해를 요약하면 "윌슨 대통령이 거짓말을 하는 바람에 사람들이 목숨을 잃었다"라는 것이었다. [100]

자유주의 이론의 대가 조지프 나이도 "지금은 범지구적 세력 균형을 다루는 데 있어 미국이 주요 역할을 하고 있지만 1930년대 미국은 심각한 고립주의에 빠져 있었다"라고 진단한다. [101]

하지만 미국이 국제 질서를 다시 만드는 '반장' 역할을 주저하는 사이 세계는 한동안 힘의 진공 상태가 이어졌다. 무엇보다 경제 대공황은 전 세계적으로 자유주의 질서의 퇴보를 가속화시키면서 파시즘이 자랄 수 있는 토대가 마련됐다.

이 기회를 이용해 나타난 게 바로 히틀러식 전체주의와 일본의 군국주의 체제다. 불균형한 다극 체제가 형성되자 곧 2차 세계대전이 일어났다. 나치가 체코슬로바키아, 폴란드, 덴마크, 노르웨이, 그리고 프랑스까지 파죽지세로 점령하자, 이번에도 처칠은 미국의 도움을 간청했지만 프랭클린 루스벨트 대통령은 꿈쩍도 하지 않았다. 윌슨의 전철을 밟고 싶지 않았던 것이다. 결국 1939년에 두 번째 세계 전쟁이 터진 것은 미국도 어느 정도 책임이 있었다고 볼 수 있다.

고립주의 한계를
깨달은 미국

그러다 1941년 12월 7일, 일본이 진주만을 공격했다. 가만히 있고 싶은 미국을 무모하게 자극하자 세계를 보는 미국인들의 관점이 달라졌다. 1차 세계대전 때는 독일과 멕시코가 미국을 공격하려는 계획이 모의에 그쳤지만 이번에는 영토가 직접 공격당했기 때문이다. 이제 미국인은 적대적인 독재 국가가 유럽과 아시아를 지배하는 세계에서는 미국인과 미국인의 삶의 방식도 안전하지 않다는 사실을 깨달았다. [102]

진주만 공격은 미국에 위험이 어디서 출몰할지 모른다는 불안감을 심어 줬다. 진주만 공습과 같은 일이 되풀이되지 않도록 미리 대비해야 한다는 주장이 힘을 얻었다. 끊임없이 대륙 밖을 주시하지 않으면 위험을 조기에 인식하고 제거할 수 없다는 두려움이 생겼다. 이때부터 미국의 안보 전략은 고립의 전통을 잠시 뒤로 미뤄 놓고 적극적인 관여 정책으로 바뀌었다. 미국은 자신에 대한 직접적 위협에 맞서는 방식으로 전쟁을 하는 게 아니라, 지금 당장은 아니지만 언젠가 위협이 될 수 있는 리스크를 미리 제거하는 예방 전쟁을 고민하기 시작했다.

그레이엄 앨리슨은 "미국은 1차 세계대전 이후, 그리고 이전 세기에 그랬듯 그저 미국이라는 요새 안에 머물겠다는 선택을 할 수도 있었지만, 갈수록 서로 연결되는 세계에서 더 이상 이런 길을 가는 건 불가능하다고 판단했다"라고 진단했다.[103]

미국은 이제 자신의 생존과 안녕을 위해서는 새로운 국제 질서를 건설하는 일이 중요하다는 사실을 깨달았다. 미국이 의도하지 않아도 세계는 점점 여러 문제에 서로 얽혀 있다는 걸 인식하게 된 것이다. 따라서 미국의 국익과 삶의 방식을 지키기 위해서는 미국 안보의 최전선을 대서양과 태평양 너머 구대륙으로 확장시키는 게 필요했다. 초식남 DNA는 퇴화하고 근육질 근성이 발달하게 된 것이다. 그러자 1차 세계대전 후 "윌슨 대통령 때문에 군인들이 목숨을 잃었다"라고 비난하던 국민은 다시 윌슨의 노력이 옳았다고 인정하게 된다.

고립의 전통은 이제 적극적인 관여 정책에 자리를 내주었다.

이 때문에 조지프 나이는 "미국의 세기의 출발점은 프랭클린 루스벨트 대통령이 2차 세계대전에 참전하기로 결정한 시점으로 잡는 게 보다 정확할 것"이라고 말하기도 했다.[104]

만약 미국이 1차 세계대전 직후 고립주의를 포기했다면 2차 세계대전은 일어나지 않았을지 모른다. 러시아가 아직 소련이 되기 전 미국이 관여 기조로 돌아섰다면 냉전은 탄생하지 않았을지 모른다. 미국은 반세기 넘게 이 점을 명심하고 있으나, '우리끼리 잘 먹고 잘살자'는 고립주의 DNA가 여전히 미 대륙 깊숙이 단단히 박혀 있다가 틈만 나면 활성화되려고 하고 있다. 2010년 이후 민주당과 공화당이 워싱턴 D.C.에서는 잡아먹을 것처럼 싸우더라도 밖에서는 대외 정책이 비슷하게 수렴되거나 트럼프든 바이든이든 누가 이기든 '미국 우선주의'를 앞세울 것이란 전망이 나오는 것도 이런 맥락 때문이다.

툭하면 고립주의의 유혹에 빠지는 미국은 언젠가 다시 선택에 직면할 수 있다. "미국은 좋거나 나쁜 두 가지 선택지가 아니라 나쁘거나 한층 더 나쁜 두 가지 선택지에 직면하고 있다. 자유주의 세계 질서를 유지하고 그에 따라 치러야 하는 모든 도덕적 물질적 대가를 받아들이든가, 자유주의 세계 질서가 붕괴하도록 내버려 두고 이에 필연적으로 뒤따를 재앙을 불러들이든가 양자택일해야 하는 문제다."[105] 그리고 대개 미뤄진 선택은 때로 더 나쁜 선택이 되기도 한다.

왜 미국은
'함정'에 자주 빠질까

국제 관계의 유행어
'투키디데스 함정'

국제 정치 관계에도 최신 유행어가 존재한다면 근래는 '투키디데스 함정Thucydides Trap'이란 용어가 트렌드를 선도한다고 할 수 있다. 국제 정치 질서나 외교 안보 이슈에 어느 정도 관심이 있는 독자라면 한 번쯤 들어봤을 말이다. 들어보지 못했더라도 짐작은 할 수 있다. 무슨 함정이든 빠지면 좋을 리 없으니 가급적 피해야 한다는 뜻이 내포돼 있다.

'투키디데스 함정'은 부상하는 신흥 강대국과 기존 패권국 사이에 전쟁이 발생할 가능성이 크다는 가설이다. 투키디데스는 2400여 년 전 그리스의 역사학자로 고전인《펠로폰네소스 전쟁사》를 남겼다. 투키디데스는 이 책에서 "전쟁이 필연적이었던 건 아테네의 부상과 그에 따라 스파르타에 스며든 두려움 때문"이라고 주장했다. [106] 아테네가 신흥 강국으로 부상하자 기존 패권국이던 스파르타가 위협을 느껴 결국 전쟁이 벌어졌다는 것이다. 투키디데스는 양국을 전쟁으로 이끈 역학에 기름을 끼얹은 중요 변수로 이해관계, 두려움, 명예를 꼽았다.

이 이론에 따르면 신흥 부상국은 자존심이 커지고 인정과 존경, 권리를 요구한다. 반면에 기존 패권국은 신흥 강국의 공격적 자세에 불만과 두려움을 느낀다. 한마디로 "대우해 달라"는 도전국과 "선 넘지 말라"는 패권국의 오해와 갈등이 점점 쌓이면서 일인자 자리를 차지하기 위한 전쟁이 불가피했다는 분석이다. 전쟁 가능성에 무게를 둔다는 점에서 현실주의 시각이 강하며, 조지 모델스키의 장주기 이론Long Cycle Theory이나 로버트 길핀의 패권 전쟁 이론과 유사성이 있다.

투키디데스가 이를 두고 '투키디데스 함정'이라고 표현하지는 않았다. 약 2400년 후 국제 관계 전문가인 그레이엄 앨리슨 하버드대학교 교수가 2012년 8월《파이낸셜타임스》에 "투키디데스 함정이 태평양에서 싹터 왔다"라는 기고를 하면서 처음으로 사용했다. [107] 광고 카피라이터처럼 그럴싸한 제목을 뽑아 낸 것이다. 국제 관계의 패권 다툼과 세력 균형을 연구해 온 앨리슨은 지난 500년 동안 열여섯 번의 세력 전이 사례를 찾아냈고, 이 중 열두 번은 전쟁으로 귀결됐고 겨우 네 번만 전쟁을 피했다는 사실을 발견했다.

앨리슨은 이 같은 발견을 열심히 주장해 오다가 2015년 국제 관계 학술지 《애틀랜틱》에 "투키디데스의 함정: 미국과 중국은 전쟁을 향해 나아가고 있는가?"라는 글을 싣자[108] 워싱턴과 베이징에서 큰 관심과 논란의 대상이 됐다. 당시는 버락 오바마 대통령과 시진핑 중국 주석의 정상회담을 앞두고 미중이 한창 관계를 부드럽게 만드는 시점이었는데, 양국의 미래에는 전쟁이 기다릴 수 있다는 도발적 주장이 부각되자 모두 당황스러웠던 것이다.

그러자 중국은 공산당 기관지 《인민일보》 등을 통해 시진핑이 2013년 방미 당시 제안한 양국 간 신형 대국 관계a new type of major power relationship를 강조하며 "역사상 신흥 대국과 기존 패권 대국 간에 반드시 충돌이 일어난다는 투키디데스의 함정을 피하기 위한 전략"이라고 말했다. 오바마 역시 미중 정상회담에서 "두 나라 사이에 투키디데스의 함정은 존재하지 않고 서로 이견을 잘 조정해 나갈 수 있다"라고 말하며 서둘러 진화에 나섰다. 당사자인 미중 양국이 모두 "투키디데스 함정은 존재하지 않는다"라고 강

하버드대학교 벨퍼 센터의 투키디데스 함정 프로젝트 초기화면.

조하면서 거꾸로 이 같은 함정이 존재한다는 것을 국제 사회에 각인시킨 셈이었다.

이 때문에 투키디데스 함정은 2010년대 들어 미중 갈등이 첨예화되고 미국이 주도해 온 국제 질서가 도전받는 상황에서 불확실한 미래를 예측해 주는 이론으로 급부상했다. 미중 갈등이 어떻게 결론 날지 궁금한 사람들에게, 복잡한 국제 정치 질서 속에서 길을 찾고 싶은 사람들에게 마치 버튼만 누르면 바로 해답이 나오는 자판기 이론과 같았기 때문이다.

앨리슨이 투키디데스 함정 사례를 집대성해 내놓은 《예정된 전쟁 Destined for War》은 베스트셀러가 됐다. 심지어 블록버스터 영화 〈강철비 2: 정상회담〉에서 한국 대통령 역할을 맡은 정우성 배우가 북한과 미국 지도자한테 자세하게 소개해 주기도 했다. 무엇보다 당사자인 시진핑은 무척 마음에 들었던지 잊을 만하면 거론해 왔다. 2023년 10월 미 상원 대표단이 베이징을 방문한 자리에서도 "투키디데스의 함정은 필연적인 것이 아니며, 넓은 지구는 중국과 미국이 각자 번영하는 것을 완전히 수용할 수 있다"라고 말했다.

이 이론이 인기를 끌자 반대로 투키디데스 함정은 틀렸다는 도전적인 주장도 나왔다. 국제관계학 전문가인 마이클 베클리 터프츠대학교 부교수와 할 브랜즈 존스홉킨스대학교 교수는 《중국은 어떻게 실패하는가》에서 중국은 이미 성장 임계점에 도

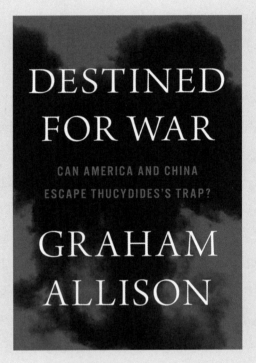

2017년 미국 호튼 미플린에서 출간한 그레이엄 앨리슨의 《예정된 전쟁》 원서(양장본) 표지.

달했고, 급성장 뒤에 찾아온 추락의 공포가 오히려 전쟁의 유혹을 일으킨다고 분석했다. 즉 투키디데스가 주목한 것과 달리 부상하는 신흥 강대국이 문제가 아니라 쇠퇴하는 신흥 강대국이 더 위험하다는 주장인 셈이다.

투키디데스 함정은 전쟁이 필연적이란 결정론적 시각과 음울한 전망 때문에 논란이 이어지고 있다. 입맛에 맞는 사례만 짜깁기했다거나 전쟁이 발생하는 복잡다단한 이유를 간과했다는 비판도 꾸준하다. 공격적 현실주의를 주장한 존 J. 미어샤이머는 "앨리슨은 자신의 이론이 없다"라고 혹평하기도 했다.

앨리슨도 이를 의식했는지 전쟁이 필연적이지는 않다고 강조했다. 그는 "미중 사이 전쟁은 필연적이지 않다. 투키디데스도 아테네와 스파르타 간의 전쟁 역시 필연적이지 않다고 동의했을 것이다. 맥락을 읽어 보면 필연성에 관한 그의 주장은 강조를 위한 부풀리기로 과장법이었음이 분명하다. 투키디데스 함정이란 말의 핵심은 운명론이나 비관론에 있지 않다"라고 적극 반박했다. [109]

결국 투키디데스 함정이란 말 자체가 함정이란 뜻으로 읽힌다. 전쟁이 필연적이란 예언은 바꿔 말하면 피할 수 있다는 반어법으로 해석해야 하고, 이를 위해 무엇을 해야 하는지 고민하는 게 더 중요하다는 주장인 셈이다. 실제 앨리슨은 다음과 같은 두 가지 사실만 제대로 새기면 전쟁은 피할 수 있다고 했다. "우선 수십 년 안에 미중 간 전쟁이 일어날 가능성이 지금 인식하고 있는 것보다 훨씬 더 높다는 사실. 두 번째로 전쟁은 필연적이지 않다는 사실이다."[110]

주저하는 미국을 위한
'킨들버거 함정'

'투키디데스 함정'만 알면 미중 패권 다툼을 전망할 때 말 그대로 함정에 빠질 수 있다. 비슷한 듯 다른 함정이 이란성 쌍둥이처럼 존재하는데, 바로 '킨들버거 함정 Kindleberger Trap'이다. 한마디로 기존 패권국의 역량이 부족한 상황에서 급부상하는 신흥국이 패권국의 지위를 차지할 의지가 없는 경우 오히려 국제 체제가 불안정해진다는 시각이다.

미국의 경제학자 찰스 킨들버거는《대공황의 세계 1929-1939》에서 1930년대 대공황의 원인을 영국과 미국의 패권 교체 시기 권력의 진공 상태에서 찾았다.

경제 패권국은 개방된 시장을 유지하고, 장기 대출과 환율을 안정적으로 관리하며, 거시 경제 정책을 주도적으로 조율하는 역할을 해야 한다고 강조했다. 특히 글로벌 금융 위기가 발생할 경우 유동성 공급에 적극 나서는 '최후의 대출자' 역할을 해야 한다고 주문했다. 다시 말해 패권국이라면 어느 정도 손해를 감수하더라도 경제 체제 안정을 위해 직접 나서야 한다는 것이었다. 1차 세계대전 이후 불안정한 국제 경제 체제를 안정시키기 위해서는 패권국의 역할이 어느 때보다 절실했음에도 당시 패권국 영국은 하고 싶어도 힘이 없었고, 힘이 충분한 미국은 하고 싶은 의사가 없어서 대공황이란 파국을 맞았다고 봤다.

결국 국제 사회 리더는 아무나 되는 게 아니라 공공재를 제공할 능력과 함께 경제적 부담을 책임질 각오가 필요하다는 것이다. 그래야 약소국들도 패권국을 믿고 따를 수 있기 때문이다. 말하자면 "왕관을 쓰려는 자, 그 무게를 견뎌라"라는 것이다. 이런 킨들버거 주장은 국제정치학의 패권 안정론과 자연스럽게 연결된다.

투키디데스 함정과 마찬가지로 킨들버거 함정에도 킨들버거는 없다. 약 50년 후 국제 관계 전문가인 조지프 나이 하버드대학교 교수가 자유주의 시각에서 패권 다툼과 세력 균형을 설명하기 위해, 미국의 소극적 대응이 국제 사회에 얼마나 큰 영향을 끼쳤는지 설명하기 위해, 그리고 이미 유명해진 투키디데스 함정의 현실주의를 비판하기 위해 킨들버거 함정이라고 명명한 것이다.[111]

조지프 나이는 1~2차 세계대전 사이 전간기를 '킨들버거 함정'으로 설명한다. 기존 패권국 영국은 역량이 부족하고 급부상하는 미국은 패권국이 될 의지가 없는 경우 국제 체제가 불안정해진다는 것이다. 실제 대공황과 2차 세계대전이 터진 건 신흥 강자로 부상한 미국이 패권국 지위를 극구 사양했기 때문이라고 분석했다. 사실상 미국의 책임에 무게를 둔, 미국 맞춤형 원 포인트 이론인 셈이다.

두 이론은 다른 듯 비슷하다. 투키디데스 함정이 패권 추구에 따른 충돌 가능성에 초점을 맞춘다면, 킨들버거 함정은 패권 회피에 따른 불안전성에 초점을 맞춘다. 1차 세계대전 직후 미국은 이미 패권국으로 부상했지만 아닌 척했다. 국제 경제나 체제 안정을 위해서는 패권국으로서 책임과 의무를 다하고 때로는 손해도 기꺼이 감수해야 하는데 그게 싫었다. 미국은 고립주의 전통에 따라 북미 대륙 안에서만 편하게 살아왔고 앞으로도 사는 데 지장이 없기 때문에 구태여 무거운 책임을 질 이유가 없었던 것이다.

실제로 미국은 어쩔 수 없이 참전한 1차 세계대전 이후 다시 먼로 독트린에 입각한 고립주의로 복귀했다. 웬만한 유럽 국가들은 미국이 좀 더 역할을 해 주기를 바랐지만 미국은 이를 거절했다. 다시는 1차 세계대전 같은 비극이 일어나지 않도록 사전 협의가 필요하다면서 국제연맹 창설을 주도해 놓고 정작 자신은 가입하지도 않았다.

이 때문에 트루먼 대통령도 1930년대 세계 질서가 붕괴된 까닭은 미국이 "세계 강대국으로서의 책임"을 받아들이지 않았기 때문이라고 생각했다. [112] 트루먼은 2차 세계대전 이후 고립주의를 버리고 관여주의 노선으로 전면 재조정한 당사자다.

그 당시 미국 입장에서는 권한보다 책임이 무겁고, 이익보다 손해만 큰 패권국의 지위를 최대한 피하려고 한 것은 지극히 정상적인 판단일 수 있다. 다만 2차 세계대전 이후 뒤늦게 국제 질서 구축에 뛰어들었으니 조금만 빨랐다면 기회비용을 줄일 수 있었을지 모른다.

두 이론은 닮은 듯 다르다. 투키디데스 함정이 앞으로 일어날 가능성이 있다면, 킨들버거 함정은 사실상 더는 보기 힘들다. 조지프 나이는 미국에 킨들버거 함정을 멀리하라고 당부했다. 신흥 강자가 "대우해 달라"고 지분을 요구하는 상황 자체를 만들지 않으려면 기존 패권국 미국이 더 분발하면 된다는 것이다.

지금까지는 이 당부가 먹히고 있다. 미국은 2차 세계대전 이후 한 번도 패권국 지위를 소홀히 한 적이 없다. 지금도 스스로 패권국의 지위와 역할을 포기할 생각이 조금도 없다. 그렇기 때문에 냉전 시기 소련이 팽창하지 못하도록 지구 곳곳을 선점해 봉쇄했고, 지금은 중국이 더는 부상하지 못하게 공급망과 동맹 블록을 새로 짜면서 전력을 다한다. 때로는 동맹국을 향해서도 '미국 우선주의'를 내세우기도 한다.

그레이엄 앨리슨과 조지프 나이는 대표적인 현실주의자와 자유주의자란 차이가 있지만 지나온 길은 상당히 비슷하다. 둘

다 클린턴 행정부에서 국방부 차관보를 지냈고, 하버드대학교 케네디스쿨 학장을 앞서거니 뒤서거니 역임했다. 투키디데스와 킨들버거의 대결은 국제정치학계의 스타인 두 사람의 학문적 경쟁이 부각되며 만들어진 측면도 있어 보인다.

모두 피하라 '미국 함정'

앞서 두 개의 함정은 모두 미국의 주체적 의도성에 주목한다. 전쟁을 벌이든 피하든, 패권을 유지하든 포기하든 미국이 어떻게 하느냐에 따라 결과가 달라지는 셈이다. 그런데 '미국 함정America trap'은 미국이란 이름이 들어갔음에도 미국의 의지와 크게 상관없이 미국을 상대하는 적대 세력이나 경쟁자의 태도에 초점을 맞춘다.

'미국 함정'은 브루킹스연구소의 로버트 케이건 박사가 2023년 초 제시한 개념이다. 역사적으로 볼 때 새롭게 부상하는 강국이 미국의 힘과 싸울 의지를 오판한 나머지 미국이나 우방국을 공격해 자해 행위에 가까운 실수를 저질렀다는 주장이다. 한마디로 미국을 '너무 만만하게 보는' 착각의 함정에 빠진다는 설명이다. [113]

1차 세계대전 당시의 독일이나 2차 세계대전의 일본과 독일이 대표적인 사례다. 이들은 미국이 특유의 고립주의 성향 때문에 유럽과 아시아에서 두 개의 전쟁을 벌이는 것을 두려워하리라고 생각했고, 이런 전략적 오판 아래 안심하고 더 대담하게 전쟁을 키웠다.

1944년 6월 6일 연합군의 노르망디 상륙 작전이 성공하면서 전세는 사실상 기울었다. 독일이 얼마나 빨리 항복할지가 관건이었다. 그러나 히틀러는 전세를 한방에 뒤집을 수 있다고 오판했다. 결국 히틀러는 참모들의 반대에도 불구하고 비틀거리던 권투 선수가 카운터펀치를 날리듯 1944년 12월 16일(벌지 전투) 연합군을 기습 공격했다.

히틀러는 영국군과 미군의 관계가 허술했기 때문에 만약 회심의 일격을 당한다면 쉽게 분열할 것이라 판단했다. 하지만 "히틀러는 적을 오해하고 있었고 더 심각한 것은 자신이 오해하고 있다는 사실을 전혀 몰랐다는 점이다."[114]

케이건은 "히틀러는 미국의 압도적인 힘과 존재 잠재력이 유럽의 패권국이 되려는 자신의 운명에 얼마나 영향을 미칠 수 있는지를 충분히 깨닫지 못했다"라며 "(1차 세계대전과 2차 세계대전 사이) 20년 동안 미국이 보여 준 행동이 미국의 힘에 대한 히틀러의 과소평가를 더욱 강화시켰기 때문"이라고 분석했다.

그러나 오판의 결과는 다 아는 대로다. 일본은 원자폭탄을 두 방이나 맞았고 독일은 국토가 분할됐다. 이처럼 미국을 과소평가하는 경향은 1950년 한국전쟁 당시 스탈린과 마오쩌둥, 김일성에게도 나타났다. 러시아의 푸틴 대통령이 2022년 우크라이나를 침공한 것은 가장 최신 사례에 해당한다.

전체주의 정권은 왜 미국 함정에 빠질까. 일찍이 케넌이 소련의 본질에 대해 간파했듯이 전체주의 국가의 성격상 미국의 정치와 문화를 자신들의 체제에 기반한 왜곡된 이념의 렌즈를 통해 입맛대로 판단하기 때문이다. 다시 말해 자유주의 체제의 다양성과 사회적 진보 및 정치적 양극화를 재생이 아닌 쇠퇴로 인식하는 경향성 때문이라는 분석이 있다. [115]

다만 미국 함정 개념은 다른 함정들과 달리 이론적, 사상적 논의가 깊지 않다. 미국이 절대적 강자이니 미국의 패권에 도전하려는 국가는 알아서 처신하라는 충고 정도다.

11 ━━━━━━━━━━━━━━━

왜 미국은
중동에서 갈팡질팡할까

"멋진 하루"
또는 "가장 긴 하루"

2023년 6월 6일은 누군가에겐 멋진 하루였고 누군가에겐 가장
긴 하루였다. 미국프로골프(PGA) 투어와 사우디아라비아 국부펀
드가 후원한 '사우디 리그' LIV 골프가 전격 합병을 선언한 날이
다. 자고 일어나니 모든 게 끝나 버렸다. 1년여 간 서로 으르렁거
리며 사생결단을 하듯 내달리던 양측은 소속 선수들까지 속이며
합병을 추진했다. LIV로 맨 먼저 이적해 후배들을 끌어들이는

데 앞장섰던 필 미컬슨은 "멋진 하루"라며 기쁨을 드러냈다. 반면에 LIV에 맞서 PGA 지킴이를 자처한 로리 맥길로이는 "희생양이 된 기분"이라고 허탈해했다.

미 언론은 대체로 사우디아라비아의 승리라고 평가했다. 넘쳐나는 사우디 오일머니가 사실상 100여 년 전통의 PGA를 집어삼킬 가능성이 컸기 때문이다. 《뉴욕타임스》는 "세계 남자프로골프 패권을 둘러싼 치열한 싸움이 끝났다"라며 "사우디는 이 거래로 적어도 골프에서만큼은 돈 많은 방해꾼에서 기득권 테이블에 앉는 권력자가 됐다"라고 분석했다. [116]

비슷한 시각, 미국 권력 서열 4위 토니 블링컨 국무장관은 사우디아라비아 수도 리야드에 있었다. 다음 날 블링컨 장관은 무함마드 빈 살만 사우디 왕세자와 마주 앉았다. 사우디의 실권자인 빈 살만은 '시간보다 돈이 많은' 것으로 알려진 억만장자다. 자신을 만나고 싶어 하는 경제인·정치인·유네스코·로또 구매자 등을 한 줄로 세우면 길이가 적어도 몇 킬로미터는 될 정도로 만나기 힘든 셀러브리티인 빈 살만이 얼마 전까지 자신을 살인자 취급하던 바이든 정권의 외교 실세에게 무려 1시간 40분이나 내주었다. 블링컨은 바로 미·걸프협력회의 장관급 회의에 참석해서는 "미국은 이 지역에 계속 머물 것"이라고 강조했다.

빈 살만은 LIV 골프 자금줄인 국부펀드의 사실상 소유주다. 공교롭게 두 사람이 만난 그날 미국 PGA와 사우디 LIV가 합병을 발표했다. 이 때문에 양대 골프 리그 합병 이면에는 미국의 정치적 판단이 작용했다는 분석이 나왔다. 비록 타이거 우즈와 맥길로이가 반발하고, 9.11 유가족이 반발하고(오사마 빈 라덴이 사우디아라비아 국적이다), 미 정치권도 반발하자 뒤늦게 미 국무부가 독과점 여부를 따져 보겠다고 했지만 리그 통합을 멈추기는 힘들다. 중동을 떠났던 미국이 다시 돌아왔다는 '피벗 투 미들 이스트Pivot to Middle East'이자 중국의 영향력 확대에 선을 긋는 신호이기 때문이다.

UAE 적은 이란이 아니다···
역대 최대 복잡계

미국이 언제 중동에서 손을 뗀 적이 있었던가? 군사적 측면에서 보면 사실상 떠난 게 맞다. 미국은 2021년 8월 30일 자정 직전 아프가니스탄에서 철수하면서 30여 년 만에 중동에 대규모 군사력 투사를 중단했다.

중동은 원래 지정학적으로 복잡한 곳이었지만, 미국이 떠나면서 국제 정치 이론 교과서를 다시 써야 할 만큼 한층 더 복잡계가 되어 버렸다. 이를 잘 보여 주는 게 바로 "UAE의 적은 이란"이란 윤석열 대통령의 발언이다. 2023년 1월 UAE를 방문한 윤 대통령은 파병 장병들을 만나 "우리의 적은 북한, UAE 적은 이란"

이라고 말했다. 이 발언으로 인해 이란 정부가 공식적으로 우리 정부의 해명을 요구하는 등 상당한 외교적 파장을 낳았다.

이란과 UAE는 역사적으로 아주 친한 사이는 아니며 긴장이 고조된 적도 많다. 그러나 한국 대통령이 "UAE의 적은 이란"이라고 말하던 그때는 이미 서로 상대국에 대사관을 재설치하는 움직임이 나올 정도로 빠르게 관계를 회복한 상태였다. 중동을 방문한 대통령이 최신 중동 정세에 대한 업데이트가 늦은 것도 문제지만, 그만큼 짧은 기간에 냉탕과 온탕을 오가도 전혀 이상하지 않은 게 바로 지금의 중동이다. 중동 역내 정세 변화는 지구 자전 속도보다 빠르다고 해도 과언이 아니다.

2023년 3월 10일 전 세계를 놀라게 한 사진 한 장이 공개됐다. 이슬람 패권을 놓고 꾸준히 대립해 온 수니파 종주국 사우디아라비아와 시아파의 맹주 이란이 중국 베이징에서 전격적으로 관계 정상화에 합의한 것이었다. 미국 PGA와 사우디 LIV의 합병에 버금가는 깜짝 발표였다. 그런데 이 사진이 더 주목받은 건 바로 가운데 인물 때문이다.

무사드 빈 무함마드 알아이반 사우디아라비아 국가안보보좌관과 알리 샴카니 이란 최고국가안보회의 의장 사이에 중국 외교의 일인자 왕이 공산당 중앙정치국 위원이 서 있었다. 중국이 서로 으르렁대던 사우디아라비아와 이란을 베이징으로 불러 손을 맞잡게 한 중재자 역할을 한 것이었다. 미국이 떠나고 무주공산이 된 중동에 중국이 성공적으로 연착륙했다는 것을 상징적으로 보여 주는 구도였다. 사실상 사진의 주인공은 사우디아라비아와 이란이 아닌 중국인 셈이다.

이 때문에 미국에서는 조 바이든 대통령이 한 방 먹었다는 비판이 나왔다. 카네기국제평화재단의 애런 데이비드 밀러 선임연구원은 《월스트리트저널》에 "미·중 관계가 점점 냉랭해지는 때 사우디아라비아와 중국 관계는 훈훈해지고 있다. 이건 바이든의 얼굴을 한 대 때린 격"이라고 말했다. [117]

사우디아라비아는 여기서 그치지 않고 아랍 전체의 숙적이자 이교도 집단인 이스라엘과도 관계 개선에 나서고 있다. 비록 2023년 10월 이스라엘이 가자지구의 하마스와 전쟁을 벌이면서 이 계획이 미뤄졌지만, 어제의 적이 오늘의 동지가 돼도 전혀 이상하지 않은 게 중동의 외교 현실이다. 그동안 큰형님 역할을 하던 미국이 떠나면서 생긴 현상이다.

미국에 중동이란?
이란이 팔할

중동은 2차 세계대전 이후부터 미국에 중요한 지정학적 요충지였다. 냉전 초기 소련의 남하를 막는 벨트이자 석유 패권을 유지하는 자원 저장고였다. 이를 위해 세 나라 즉 튀르키예와 이란, 사우디아라비아가 중요했고, 특히 이란과 사우디아라비아는 핵심적인 지역 거점이었다. 결국 미국의 중동 정책은 사우디아라비아와 이란을 어떻게 관리할 것인가가 핵심이었다.

미국은 1970년대 말까지만 해도 중동 역내 국가들의 세력 균형을 맞추는 '역외 균형자' 정책을 추구하며 군사력 개입을 하지 않았다. 소련 봉쇄를 위해 튀르키예에만 주둔했고 이란에서는 군사 시설을 운용한 정도였다. 이는 인구나 군사력, 영토 면에서 역내 최대 국가인 이란이 미국의 굳건한 동맹국이었기에 가능했다. 특히 이란은 페르시아만을 통제할 수 있는 지정학적 위치에 있다. 미국은 이란에 기대 페르시아만을 확보하고 안정적으로 사우디아라비아의 석유 수급을 관리했다.[118] 미국이 세계적인 동맹 체제를 유지하고 자신의 안보를 지키는 데 이란은 필수적 존재였던 셈이다.

그런데 그 한 축인 이란이 먼저 이탈하면서 미국의 호시절이 사실상 끝났다. 어제의 동지 이란이 1979년 이슬람 혁명으로 하루아침에 반미 국가로 변신하면서부터 이슬람주의가 중동 전체로 퍼졌고, 점차 미국의 안보 이익을 건드리기 시작했다.

당장 페르시아만이 위태로워졌다. 세계 경제 질서를 유지하려면 안전하게 페르시아만 석유에 접근해야 하는데, 반미 정권으로 재탄생한 이란이 호르무즈해협에 대한 영향력을 행사하기 시작한 것이다.

미국 입장에서는 페르시아만에 접근하는 것을 방해하는 세력은 누구든 세계 질서를 위협하는 존재로 간주했고 힘을 이용해서라도 막아야 했다. 지미 카터 대통령은 1980년 연두교서에서 중동에서 미국의 이익에 필요하면 직접적인 군사 개입을 하겠다고 밝혔다. 사실상 미국의 대중동 정책이 이란 봉쇄로 바뀌게 된 셈이다.

미국이 세계 질서 유지에 대한 확고한 자세를 견지하는 한 이란은 적이었다. 질서를 유지하려는 이유나 논리가 무엇이든 상관없었다. 이란 역시 자국을 전략적으로 옥죄는 상황에서 벗어나려고 발버둥 치는 한 미국은 적이었다. 그 이유나 논리가 뭐든 상관없었다. [119]

이후부터 사건의 연속이었다. 미국은 이란을 견제하기 위해 이라크의 후세인을 지원해 이란-이라크전이 발발했고, 8년 전쟁으로 피폐해진 후세인이 본전 생각에 쿠웨이트를 침공하자 미국은 걸프전을 일으켰다. 걸프전은 사우디아라비아에서 오사마 빈라덴을 탄생시켜 9.11 테러가 일어나게 했고, 9.11은 다시 미국의 이라크전과 아프가니스탄 전쟁을 낳았다. 이는 다시 이슬람국가(IS)를 탄생시켰고, IS는 미국이 시리아 내전에 발을 담그는 결과를 초래했다.

너무 많은 죽음과 셰일가스,
그리고 중동보다 중국

미국은 어느 순간 정신을 차리고 문제를 해결하려 크게 움직여 봤지만, 더 큰 원을 그릴 뿐 제자리로 돌아오는 상황이 반복됐다. 영화 〈인셉션〉에서 꿈의 꿈의 꿈의 단계로 침잠하듯 미국은 중동에 빠져들수록 몸은 굼뜨고 상처는 더 깊어졌다. 멈추지 않는 팽이처럼 무한반복의 꿈속에 갇힌 신세가 된 것이다.

그러자 미국 여론부터 나빠지기 시작했다. 세계 구석구석에 미군을 보내고 남의 나라 내정에 간섭하는 게 결국 미국의 안보와 이익을 위함이라는 인식의 '인셉션'에서 깨어나기 시작한 것이다. 왜 미국 군인이 바그다드 카페 뒷골목이나 사막의 동굴 속에서 목숨을 잃어야 하는지에 대한 의구심이 한계에 도달했다. 가장 먼저 반응한 건 표심에 민감한 정치권이다. 민주당이든 공화당이든 좌우 상관없이 미군을 불러들이겠다고 공약해야 선거에서 이길 수 있었다.

결국 이라크 정복은 실패로 돌아갔고 몇 년 뒤 아프가니스탄 역시 실패작임이 드러났다. (미국의 적들을 사전에 꺾어 놓기 위해 여기저기서 전쟁을 해야 한다는) '부시 독트린'은 역사의 쓰레기통에 처박혔고 이제 미국은 다른 나라를 침공해 미국에 우호적인 정권을 세우거나 지원하는 계획을 전혀 고려하지 않게 됐다. 2011년 2월 웨스트포인트 육사에서 로버트 게이츠 국방장관은 "장래 어떤 국방 장관이든 아시아나 중동, 아프리카에 미국의 대규모 지상군을 다시 파견하도록 대통령에게 조언한다면, 맥아더 장군이 묘한 어조로 말한 것처럼 그는 '뇌 검사를 받아야' 할 것"이라고 밝히기도 했다. [120]

여기에는 기술적 진보도 한몫했다. 바로 셰일가스의 상용화 기술이 그것이다. 셰일가스는 일찍부터 석유를 대체할 차세대 에너지로 각광받았지만, 채굴하는 데 드는 비용과 기술적 어려움 때문에 '그림의 떡' 신세였다. 그런데 2000년대 들어 미국에서 채굴 기술이 개발되어 본격적인 시추가 가능해졌다. 미국은 2009년 이후 러시아를 제치고 천연가스 1위 생산국에 등극한다. [121]

셰일혁명 덕분에 미국은 목숨을 걸고 페르시아만을 지킬 필요성이 줄어들었다. 석유 생산량 세계 1위인 사우디아라비아의 전략적 중요성이 예전 같지 않아졌다는 것이다. 지정학자 피터 자이한은 "셰일혁명이 일어나기 전 미국과 사우디아라비아의 동맹 관계는 필요악이었다. 사우디아라비아의 석유가 없으면 세계 경제가 돌아가지 않고 미국은 동맹 체제를 유지하기 어려워지며 결국 미국의 안보는 불안해진다. 그러나 셰일 덕분에 에너지 자급자족이 가능해지면서 미국이 세계에서 손을 떼게 된 지금, 미국은 사우디아라비아가 늘 실행하는 정책들이 얼마나 끔찍한지 그 민낯을 그대로 인식할 기회를 얻었다"라고 분석했다. [122]

무엇보다 2010년대 들어 중동보다 더 중요한 곳이 부각됐으니, 바로 중국이다. 미국은 중동보다 중국을 더 큰 실존적 위협으로 인식하기 시작했고, 중동에 펼쳐놓은 군사 및 경제 자원을 거둬들여 중국을 포위하는 데 투입했다. 이를 외교 정책으로 세련되게 포장한 게 그 유명한 오바마 정부의 '아시아로의 회귀Pivot to Asia' 전략이다.

결국 테러와의 전쟁에 대한 피로감이 쌓이고, 석유를 대체할 신에너지인 셰일가스 상용화에 다가서고, 마침 급부상한 중국을 견제하기 위한 삼박자가 맞아떨어지면서, 미국은 중동을 벗어나 자기만의 행복을 찾아 표표히 떠났다.

전통의 친미
사우디아라비아의 홀로서기

미국과 사우디아라비아는 1974년에 '페트로 달러Petro dollar 협정'을 체결하면서 본격적으로 동맹의 반열에 올랐다. 미국이 사우디아라비아의 안보를 보장해 주는 대신 사우디가 석유 거래 대금으로 달러만 쓰도록 하는 것이다. 이를 통해 미국은 달러의 기축통화 지위를 한층 더 굳건히 했고, 페르시아만 석유 수급을 안정적으로 관리할 수 있었다. 이란이 미국의 품에서 떨어져 나간 뒤에도 사우디아라비아를 통해 역내 영향력을 확보할 수 있었다.

그런데 미국이 사실상 중동에서 손을 떼자 사우디아라비아는 가장 먼저 안보 불안에 맞닥뜨렸다. 다급해진 사우디아라비아가 "이렇게 무책임해도 되느냐"라는 듯 항의에 가까운 읍소를 하지만, 미국은 "이제 사우디도 자기 일은 알아서 할 때도 됐잖아"라는 듯 쿨하게 대꾸했다. 관계는 점점 틀어지기 시작했다. 결정적으로 2018년 자말 카슈크지 《워싱턴포스트》 기자가 튀르키예 사우디아라비아 대사관에서 살해된 것으로 알려지면서 그 배후로 빈 살만이 지목됐다. 카슈크지는 오랫동안 사우디아라비아 왕가의 비리를 폭로해 빈 살만의 눈엣가시였기 때문이다. 바이든은 대선 당시부터 "사우디가 대가를 치르게 하겠다. 국제적으로 왕따pariah를 시키겠다"라며 앞장서서 사우디아라비아를 맹비난했는데, 대통령이 되자 양국 관계는 돌아올 수 없는 강을 건너게 됐다. [123]

이때 사우디아라비아에 구원의 손길을 내민 나라가 중국이었다. 중국은 이미 이란을 자기편으로 묶어 두고 있었지만, 미국과 관계가 틀어진 사우디아라비아마저 같은 편으로 끌어들인다면 일대일로一帶一路(중국, 중앙아시아, 유럽을 연결하는 육해상 실크로드)의 주요 통로인 중동 전체를 손에 넣는 셈이었다.

사우디아라비아 역시 미국의 빈자리를 미국의 경쟁자로 메우는 건 나쁘지 않은 선택이었다. 중국과 사우디아라비아 간 각자 계산이 서자 양국은 급속도로 가까워졌다. 2022년 12월 8일 사우디아라비아를 방문한 시진핑 주석은 사우디 왕실 기마 근위 대의 호위를 받으며 정상회담장인 왕궁으로 이동한 후 중국과 사우디아라비아의 국기를 든 왕실 경비대의 극진한 환대를 받았다. 사우디아라비아가 '탈미친중'의 입장을 전 세계에 공표한 날이라 해도 무방하다.

언론은 이 만남이 "수십 년간 지속해 온 사우디아라비아와 미국 사이 '일부일처 시대'의 종식을 의미한다"라며 "중국에는 미국의 옛 뒷마당에 지정학적 영향력을 확대할 기회가 될 것"이라고 분석했다. [124]

이제 상황이 완전히 역전됐다. 설상가상 우크라이나 전쟁이 터지며 에너지 위기가 찾아왔다. 국제 유가 상승으로 세계 경제도 앓는 소리가 났다. 미국은 유가를 잡기 위해 생산을 늘려 달라고 부탁했지만 사우디아라비아는 애를 태웠다. 심지어 중국과는 석유 대금을 위안화로도 결제하기로 합의해 페트로 달러 체제를 끝낼 수도 있음을 넌지시 보여 줬다. 다급해진 미국은 "이렇게 무책임해도 되느냐"는 듯 읍소에 가까운 항의를 하지만, 사우디아라비아는 "이제 미국도 자기 일은 알아서 할 때도 됐잖아"라는 듯 쿨하게 홀로서기에 나섰다.

'피벗 투 미들 이스트',
미국의 '멋진 하루'는 올까

결국 위기의식을 느낀 미국은 다시 중동으로 눈을 돌려 사우디아라비아의 마음을 되돌리는 데 집중하고 있다. 가뜩이나 이스라엘이 미국 말을 듣지 않고 하마스에 대한 보복 차원을 넘어 가자지구를 지도상에서 없애 버리려고 작정한 듯 공격했다. 2024년 4월에는 이란이 사상 처음으로 이스라엘 본토를 직접 때렸다. 중동 정세가 불안해질수록 사우디아라비아의 역할론은 더 커졌다. 블링컨은 이스라엘과 하마스 전쟁 이후 처음 5개월 동안 한 달에 한 번꼴로 중동으로 날아갔다.

미국은 중국을 견제하려고 중동을 떠났다가 다시 발길을 돌리는 수밖에 없게 됐으니, 전략상 손실이 이만저만이 아닌 셈이다. 결과적으로 갈팡질팡한 대가다. 그런데 한 번 금이 간 동맹이 아무 일도 없었던 것처럼 봉합될지는 미지수다. 무엇보다 중동의 동맹들은 미국이 중국을 견제하기 위해 발길을 되돌린 것일 뿐 그 목표가 달성되면 사막의 모래바람을 등지고 언제든 표표히 돌아설 수 있다고 의심한다.

자이한은 앞으로 미국 입장에서 동맹은 세 가지로 재편될 것이라고 전망했다. 제1부류 동맹은 영국, 프랑스, 일본 등 공동의 명분commom-cause과 관심사로 맺은 의지의 연합이다. 제2부류 동

미군 차량이 시리아 북부 알 하사카 인근 도로를 지나고 있다. 2023년 이스라엘 하마스 전쟁이 터진 뒤
이 일대 미군 기지에 대한 무인기 공격이 늘었다.

출처: 퍼블릭 도메인

맹은 미국의 환심을 사기 위해 경쟁하는 이웃 국가 그룹friends-like-there으로 동남아 국가들, 호주, 뉴질랜드 등이다. 제3부류 동맹은 철저한 비즈니스를 기반으로 하는 나라다. 미국 우선주의에 크게 타격받지 않고 미국과 동맹을 맺는 데도 크게 절박하지 않은 나라들이 대상인데, 바로 이란과 사우디아라비아다.[125] 공교롭게도 중동의 실세들이 모두 제3부류에 속한다는 점에서 미국이 앞으로도 중동에서 갈팡질팡할 가능성이 크다.

골프로 치면 미국은 중국 견제에 집중한 나머지 거리 욕심을 부리다가 OB^Out of Bounds를 냈고 해저드hazard에 빠졌다. 벌타를 만회하려니 마음이 급하다. 반면에 사우디아라비아는 연달아 버디를 기록하며 타수를 줄였다. 중국은 이 경기를 느긋하게 바라보고 있다.

왜 미국은
중국이
배신할 줄 몰랐을까

"넌 나에게 모욕감을 줬어"

영화 〈달콤한 인생〉의 명대사다. 지금은 각종 패러디나 밈^{meme} 처럼 쓰이면서 유명해졌지만 당시는 보스 김영철의 위압감이 느껴지는 대사였다. 모름지기 "오야가 누군가에게 실수했다고 하면 실수한 일이 없어도 실수한 사람이 나와야 하는 법"이다. 그게 조직이고 그래야 '오야'의 '가오'가 사는 건데, 정작 제일 기대했던 부하 이병헌이 자신의 가오에 흠집을 낸 것이다. 그래서 '돈도 있고 가오도 있는' 보스 입장에서는 치욕적인 배신감이 들었고, 이병헌의 손목 하나가 날아가게 됐다.

이제 부하가 정말 실수했는지 아닌지는 중요하지 않다. 이미 그 단계는 넘어갔다. 끝까지 가오를 잡으려는 보스가 분을 삭이기 위해 심호흡 한 번 하고 나서 내뱉는 단어가 바로 모욕감이다. 이제 모욕감이 행동의 준거가 된다. 잘나가던 한 친구의 인생을 뒤바꿀 정도로 모욕감은 행동의 당위가 됐다.

미국이 중국에 대해 느끼는 심정이 모욕감일지 모른다. 믿었던 중국이 어느 순간 미국이 만들어 놓은 국제 질서에 계속 토를 달면서 미국의 가오에 흠집을 낸다. 중국이 이만큼 먹고 살도록 전폭적으로 밀어줬던 미국 입장에서는 배신감이 들 수밖에 없을 것이다. 미국이 아무리 인류사 이래 '역대 최강 패권국'이라 해도 가오에 흠집이 나면 국제 질서를 안정적으로 유지하는 데 장애가 생긴다. 오야가 누군가에게 실수했다고 하면 실수한 일이 없어도 실수한 사람이 나와야 하는 법. 중국이 정말 실수를 했는지 아닌지는 큰 변수가 되지 않는다. 이미 그 단계는 넘어갔다.

1990년대 초 소련의 붕괴로 냉전이 막을 내리자 한때 '역사의 종말'이란 말이 세계를 휩쓸었다. 공산주의 세력의 몰락으로 세계사는 자유와 진보의 최종 목적지에 도달했다는 선언이자 자유주의에 대한 헌사였다. 역사의 종말은 중국China과 미국America의 합성어인 '차이메리카Chimerica'라는 신세계 모습으로 구체화됐다. 역사를 접수하고 단일 패권국으로 올라선 미국이 같은 편인 중국과 손잡고 '종말 이후' 역사를 새로 쓴다는 것이었다.

차이메리카 덕에 평화롭고 찬란하며 장밋빛인 미래가 펼쳐질 것만 같았다. 중국을 포용해 자유주의 질서 안으로 편입시키려는 미국의 달콤한 꿈, '팍스아메리카나Pax Americana'였다. 그런데 2010년대 들어 차이메리카는 미중 간 '차이'만 부각하는 방향으로 흘러가기 시작했다. 때마침 투키디데스 함정을 조심해야 한다는 경고가 따라붙었다. "지배 세력의 두려움은 종종 착시 현상을 불러일으켜 위험을 과장하게 만든다. 반면에 새로 부상하는 세력의 자신감은 가능한 일에 대한 비현실적인 기대를 불러일으키고 기꺼이 위험을 무릅쓰게 만든다"라는 것이다. [126]

투키디데스가 주목한 기존 패권국의 두려움이나 명예에 대한 욕구를 다르게 표현하면 바로 영화 〈달콤한 인생〉을 관통하는 키워드인 모욕감이다.

미국이 팍스아메리카나라는 달콤한 꿈을 꿀 때 중국은 가열하게 미국을 따라잡는 중국몽을 꾸고 있었다. 여기서 근본적인 물음이 생길 수밖에 없다. 미국은 중국이 다른 꿈을 꾼다는 걸 몰랐을까. 중국을 체제로 포섭하면 서구식 자유주의 DNA를 이식할 수 있다고 자신했을까. 만약 미국이 중국을 개조할 수 있다는 확신이 '근거 없는 자신감'이란 것을 빨리 깨달았다면, 중국을 견제하는 각종 정치 경제 안보적 조치를 10여 년 일찍 시작했다면, 지금의 미중 갈등 양상은 전혀 다른 모습으로 전개됐을지도 모른다. 말하자면 미국은 중국을 너무 믿은 나머지 호미로 막을 걸 가래로 막고 있는 셈이다. 영화 대사를 빌리면, 간단하게 끝날 일이었는데 어느새 손목 하나로 끝날 일이 아닌 수준으로 커졌다. 이는 전적으로 미국의 '근자감'과 오판 탓이라고밖에 볼 수 없다. 미국이 직면한 모욕감은 자업자득이다.

Nixon goes to China, 달콤한 꿈을 꾼 미국

냉전이 심화되던 1970년대 초 미국의 국제 정책 입안자들에게 절체절명의 목표는 소련을 이기는 일이었다. 그러나 베트남 전쟁과 1차 오일쇼크 등이 일어나며 소련과 전방위적으로 대치하는 데 힘에 부치기 시작했다. 이런 상황에서 중국이 소련을 봉쇄하는 유력한 대안으로 떠올랐다.

중국은 소련과 같은 공산주의 블록에 속한 권위주의 국가임에도 그룹 내 패권을 놓고 사이가 좋지 않았다. 특히 1960년대 말에는 국경 분쟁이 일어나고 소련으로부터 안보까지 위협받는 처지가 됐다. 미중이 처한 지정학적 위기 속에서 양국은 서로를 필요로 하게 됐다. 적으로 적을 제압한다는 '이이제이以夷制夷' 전략을 둘 다 적극 활용한 것이다.

1972년 2월 21일 중국 공산당 지도자 마오쩌둥(왼쪽)과 리처드 닉슨 미국 대통령이 중국 베이징에서 만나 악수하고 있다. 이 사건은 냉전 구도를 바꾼 게임 체인저였다.

사진: 연합뉴스

불과 20여 년 전 한반도에서 총부리를 맞댄 적대국이 각자의 이해가 맞아떨어지자 급속도로 가까워졌다. 닉슨 행정부의 국무 장관 헨리 키신저가 메신저로서 막후에서 부지런히 다리를 놓기 시작했다. 1972년 닉슨 대통령은 전격적으로 중국을 방문해 마오쩌둥을 만났다. '닉슨이 중국에 간 것Nixon goes to China'은 냉전 구도를 일거에 바꾼 게임 체인저라고 할 수 있었다.[127]

소련을 봉쇄하는 데 힘을 합치려면 우선 중국의 기초 체력을 키워야 했다. 미국이 중국의 경제 성장을 돕는 것이 당연하고, 군사 및 안보 능력까지 강화해 줘야 한다는 주장도 제기됐다. 실제 키신저는 소련군의 동향에 관한 민감한 정보를 중국과 공유했고, 중국을 향한 공격은 미국의 사활적 이익이 걸린 것으로 간주한다고 소련 측에 경고하기도 했다. 이 같은 냉전의 기묘한 지정학적 상황 덕분에 중국은 세계 유일의 초강대국을 자기편에 두게 됐다.[128] 그리고 미중은 마침내 1979년 수교에 이른다.

그런데 어느 날 냉전이 끝나 버렸다. 미국을 위협하는 적이 사라진 것이다. 해체된 소련을 대신한 러시아는 이빨 빠진 불곰 신세였다. 공동의 적이 사라졌음에도 미국은 중국과 우호 관계를 이어 갔다. 소련을 견제하는 파트너로서의 역할은 줄었지만 경제적 동반자로서 존재감이 오히려 커진 것이다.

1990년대 초반만 해도 중국은 군사적 위협이 적고 돈벌이 기회는 엄청났기 때문에 미국의 포용 정책이 나름대로 논리적인 것처럼 보였다. [129] 돈에는 이념이 묻지 않는다. 비록 중국이 권위주의 정치 체제를 유지해 서구의 민주주의 체제와 쉽게 섞이기 힘들더라도 13억 인구라는 엄청난 소비 시장과 저임금 생산 기지로서 매력이 흘러넘쳤다. 소련 봉쇄라는 역할이 끝났어도 중국을 놓치기에는 너무 아까운 기회였던 것이다.

무엇보다 미국은 언젠가 중국이 자유주의 체제에 동화될 것이라 낙관했다. 지속적인 관여를 통해 중국을 기존의 미국 중심의 국제 질서에 편입시킬 수 있다고 본 것이다. 이에 따라 미국은 2001년 중국을 세계무역기구(WTO)에 가입시켰다. 중국이 미국의 '인증 마크'를 받은 셈이다. 그러자 미국 기업을 필두로 자유주의 진영 국가들이 앞다퉈 안심하고 중국에 투자를 했다. 신흥 부상국인 중국은 서구의 자유주의 국가들을 지탱하는 든든한 생산 배후 기지로 자리 잡았다.

미국이 주도하는 세계 경제가 중국을 부유하게 만들어 주고 있었다는 점을 감안하면 중국은 당연히 미국 주도의 체제를 지지할 가치가 있었다. 또 많은 권위주의 정권이 민주주의가 세계적으로 확산하면서 무너졌다는 점을 감안하면 결국 중국도 마찬가지 경로를 밟게 될 것이란 인식이 팽배했다. [130] 자고로 낙관론의 시대였다.

여기서부터 미국의 오판이 시작됐다. 미국은 중국이 자유, 인권, 민주주의 가치 등을 종종 눈에 띌 정도로 탄압해도 짐짓 모른

척했다. 대표적인 경우가 1989년 톈안먼 사건이다. 덩샤오핑이 톈안먼 시위자들을 무력 진압했지만 미국은 적극적인 개입보다 소극적인 주의 당부에 그쳤다.

미국은 이미 냉전 시기에도 자유주의 질서를 유지한다는 목적으로 자유주의를 억압하는 모순적 행태를 보였다. 1980년 전두환 정권을 비롯해 아시아나 중남미 곳곳에서 민주주의와는 거리가 먼 권위주의 정권을 대놓고 밀어줬다. 자기 진영 내 민주주의 정권이 등장하는 것을 오히려 막은 셈이다. 미국은 소련을 봉쇄한다면서 소련이 하던 것과 비슷한 억압을 자행했다. 이쯤 되면 봉쇄를 위한 봉쇄가 되는 상황이다.

낸시 펠로시 전 하원의장은 2022년 대만 방문을 앞두고 《폴리티코》와의 인터뷰에서 "만약 상업적 이익 때문에 중국 인권을 옹호할 수 없다면 어떤 상황에서든 그것을 대변할 수 있는 모든 도덕적 권위를 잃게 된다"라고 지적했다.

냉전 승리가 독이 된 자신감과
중국의 도광양회

결과적으로 미국이 냉전에서 승리한 게 오히려 독으로 작용했다. 미국은 40여 년을 버티며 체제 경쟁에서 승리했다는 사실을 근거로 미국 주도의 자유주의 국제 질서가 전 세계에 적합한 체제로 인정받은 것으로 받아들였다. 앨리슨은 "대부분 승리의 자축연을 열고 망각의 늪에 빠지기 바빴다"라고 진단했다. "새로운 단극 시대와 역사의 종언이 선언되고, 모든 나라가 미국의 각본을 따라 미국이 짜놓은 국제 질서 안에서 시장에 기초한 민주주의 국가로 자리매김하고자 했다"라며, 이런 분위기 속에서 "공산 국가 중국의 존재는 당장에는 그리 진지하게 따져 볼 필요가 없는 문제"였던 것이다. [131]

서방의 민주 국가는 수십 년 동안 탐욕에 눈이 먼 나머지 그렇지 않다는 증거가 계속 쌓이는데도 중국의 굴기가 도움이 된다는 믿음에 집착해 쉽게 속아 넘어갔고 상당한 관용까지 보였다. 서방은 중국이 굴기하도록 돕다 못해 부추기기까지 했다. [132]

지금 되돌아보면 미국의 낙관론이 얼마나 근거 없는 자신감이었는지 바로 드러나지만 냉전이 끝난 직후에 중국의 부상을 냉철하게 전망한다는 건 전문가도 결코 쉬운 일이 아니었을 것이다. 카터 행정부에서 국가안보 담당 특별보좌관을 지냈던 국제 전략 분야의 거장 즈비그뉴 브레진스키도 마찬가지였다. 그는 중국이 막 WTO 가입하려던 2000년대 초반 중국의 폭발적 성장률이 향후 20년간 지속되리라는 보장이 없다고 내다봤다.

브레진스키는 "최적의 상황을 가정한다고 할지라도 2020년까지 중국이 주요한 영역들에서 경쟁력 있는 세계적 국가가 될 수 있을 것 같지 않다"라며 다만 "중국은 순조롭게 동아시아 지역에서 우세한 힘을 지닌 지역 강국이 되고 있다"라고 전망했다. [133] 중국이 아시아 역내 강국은 될지언정 미국과 대립하는 글로벌 양강 구도는 어렵다는 전망인데, 지금 보면 보기 좋게 빗나갔다.

중국의 생각은 달랐다. 천하를 호령하는 제국의 꿈을 오랫동안 미국 몰래 품고 있었다. 그렇다. 중국은 패권을 꿈꾸는 전형적인 현상 변경 국가revisionist state였던 셈이다. 싱가포르 리콴유 총리는 "급상승하는 중국은 당연히 미국의 패권에 도전할 것"이라며 "중국이 아시아에서 일등 국가가 되고 결국은 세계 최강국이 되려고 열망하지 않을 리가 없다"라고 예견했다. [134]

중국의 꿈은 미국 주도의 국제 질서를 깨야 이뤄지는 꿈이었다. 그런데 당장 미국과 맞서기에는 역부족이었다. 자유주의 경제 질서의 혜택을 받아 급성장하고 있지만 아직 갈 길이 멀었다. 1980년대 덩샤오핑은 중국이 평온한 국제 환경과 글로벌 경제에 접근하는 길을 간절히 필요로 하는 상황에서 세계 유일 초강대국 미국과 소원해지는 건 자멸까지는 아니더라도 어리석은 일이라는 걸 알았다. [135]

중국이 선택한 건 속내를 숨기고 조용히 때를 기다리는 것, 즉 덩샤오핑이 천명한 도광양회韜光養晦 전략이다. 자기 생각을 드러내 놓고 펼쳐도 될 정도로 충분히 힘을 키울 때까지 미국과

정면 대결을 피하고 기회를 노려야 한다는 것이다. 마침내 2014년 시진핑이 대놓고 중국몽을 언급하기 이전까지 중국은 이 원칙을 비교적 잘 따랐다.

결과적으로 중국의 도광양회 전략은 미국이 중국의 목표를 오판하거나 안심하게 만드는 데 일조했다. 마이클 필스버리는 《백년의 마라톤》에서 미국이 세계 지배를 추구하고 나선 중국 공산당 강경파에 속아 왔다고 주장하기도 했다. [136]

요란했지만 뒤늦은,
실속 없는 '아시아로의 유턴'

중국의 속내를 몰랐든 중국의 의도에 속았든 미국이 오판했다는 건 변하지 않는다. 더욱 불행한 점은 이 사실을 깨닫는 데 시간이 오래 걸렸다는 것이다. 중국의 위협에 대해 조금씩 정신을 차릴 무렵 하필이면 9.11이 터졌다. 소련이 사라지며 생긴 진공 상태를 제3세계의 테러리즘이 파고들었다.

이제 세계는 지정학의 파생상품과 같은 테러 문제에 집중하게 됐다. 미국은 테러와의 전면전을 선포하면서 전통적 동맹은 물론 중국의 도움도 필요해졌다. 중국이 다른 마음을 품고 있는 게 아닌지 의심이 불쑥불쑥 들었음에도 당장 이라크에서 후세인을, 아프가니스탄에서 빈 라덴을 잡는 게 더 우선이었다. 결국 중국 문제는 후순위로 밀려났다.

그러다가 중동에서 테러와의 전쟁이 정체기를 맞자 오바마 정부는 본격적으로 중국으로 눈을 돌렸다. 중국을 상대로 정책을 변경하기 시작한 건 대체로 오바마 정권 1기 중반인 2011년 전후를 기점으로 본다.

그해 10월 힐러리 클린턴 당시 국무장관은 외교 잡지 《포린 폴리시》에 "미국의 태평양 세기"라는 글을 기고한다. 힐러리는 "지난 10년 동안 미국의 대외 정책은 냉전 이후의 평화 배당금 문제를 다루는 것에서 이라크와 아프가니스탄에 대한 공약을 이행하는 것으로 전환됐다"라며 "이제 이러한 전쟁이 종식됨에 따라 새로운 국제 현실로 선회하기 위한 노력을 가속화해야 한다"라고 주장했다. [137] 이른바 '아시아로의 회귀'[138] 전략이 공표된 것이다.

한 달 후인 11월 오바마는 APEC(아시아태평양 경제 협력체) 참석차 호주를 방문해서 "10년간 두 번 전쟁을 치르면서 적지 않은 피와 돈을 대가로 지불해 온 미국의 관심은 엄청난 잠재력을 지닌 아시아 태평양 지역으로 옮아가고 있다"라고 말했다. 마침 남중국해를 비롯해 역내에서 목소리를 키우려던 호주에서, 그것도 아시아 태평양 지역의 경제 현안을 논의하는 자리에서 미국 외교의 우선순위를 중동에서 아시아로 옮기겠다는 신호탄을 쏘아 올린 것이다.

2차 세계대전 후 유럽에서 극동까지, 북극에서 남극까지 전 지구적으로 소련 봉쇄에 집중하던 미국이 냉전이 끝나고 나서 테러리즘 분쇄를 목표로 중동으로 이동했다가 별다른 소득이 없자 부상하는 중국을 견제하기 위해 아시아로 방향을 돌린 셈이었다.

미국의 대외 정책이 이렇게 요란하게 공표된 건 사실상 처음이다. 어쨌든 방향 전환으로 관심 끌기에는 성공했다. 언론과 학계는 앞다퉈서 아시아의 전략적 중요성과 중국의 부상 가능성을 분석했다. 오바마도 자신의 대표 상품을 적극적으로 세일즈했다. 앨리슨은 이렇게 묘사했다. "엄청난 팡파르를 울리며 미국 외교 정책의 '중심축을 이동하여' 워싱턴의 관심과 자원을 중동지역에서 아시아로 옮긴다고 공표했다. 오바마는 중국의 부상이 아시아 지역에 미치는 영향을 앞으로 그냥 보고만 있지는 않겠다는 미국의 의지를 알렸다. 오바마는 '재조정'을 자신의 내각이 이룬 특별한 주요 외교 정책의 성과 중 하나로 내세웠다."[139]

그런데 오바마 행정부는 선언만 요란했지 정작 중국을 압박하는 실질적인 조치는 별반 없었다. 실제로 오바마의 11월 순방이 아시아에서 진정으로 균형 있고 지속 가능한 전략의 기초를 마련했는지 여부를 말하기는 너무 이르다는 평가가 잇따랐다.[140] 당시 이 전략을 주도한 커트 캠벨 국무부 차관은 2016년

출간한 《중심축 이동하기: 미국의 대아시아 정책 방향의 미래》
에서 "중심축이 중동 지역에서 다른 곳으로 이동한 것처럼 느낀
적은 한 번도 없었다"라며 "주요 국가안보회의 모임의 약 80퍼센
트는 중동 지역에 초점이 맞춰졌다"라고 회고할 정도였다. [141]

아시아로 회귀한다면서도 중국은 여전히 직면한 위협 수준
은 아니었던 셈이다. 미국의 한 정보 담당 관리는 이런 상황을
일컬어 "중국은 언젠가는 읽겠다고 늘 생각하는 두꺼운 책과 같
았다. 그러나 언제나 다음 여름을 기약하면서 읽지 못하고 말았
다"라고 회고하기도 했다. [142]

프랑켄슈타인과
이루어질 수 없는 꿈

이제 미국은 중국에 지속적으로 관여해 미국 주도의 국제 질서
에 편입시키려는 시도가 사실상 실패했음을 인정할 수밖에 없는
상황에 이르렀다. 때때로 깨달음은 후회를 동반한다. 닉슨 전 대
통령은 말년에 《뉴욕타임스》와의 인터뷰에서 "우리가 프랑켄슈
타인을 만들어 냈을지도 모른다"라고 후회했다. [143] 닉슨은 냉전
을 데탕트로 전환시키고, 중국이 '죽의 장막'을 나와 미국과 손잡
게 만든 공로자였으나 결과적으로 판도라 상자에서 중국을 꺼내

미국에 대적하게 만든 장본인이기도 하다.

2020년 7월 트럼프 행정부 마이크 폼페이오 국무장관 역시 닉슨기념관 연설에서 미국이 관여 정책으로 중국을 변화시키려 했지만 "중국이라는 프랑켄슈타인을 낳았다"라며 재차 개탄했다.

이 때문에 미국에서는 당분간 어디서 중국을 놓쳤는지, 왜 중국을 간과했는지를 두고 반성과 성찰이 활발해질 것이다. 세계 유일의 초강대국 지위가 위협받는 상황을 스스로 초래했다며 자책하는 목소리가 이어질 수 있다. 뒤늦게 밀려오는 모욕감에 치를 떨며 욕실에서 유리잔을 깨뜨릴지도 모른다. 영화 〈달콤한 인생〉은 이렇게 끝난다.

"무서운 꿈을 꾸었느냐?" "아닙니다."

"슬픈 꿈을 꾸었느냐?" "달콤한 꿈을 꾸었습니다."

"그런데 왜 그리 슬피 우느냐?" "그 꿈은… 이루어질 수 없기 때문입니다."

미국의 꿈은 일단 금이 갔다. 그렇다고 중국이 꾸는 중국몽 역시 언제나 달콤할 수는 없을 것이다.

4부

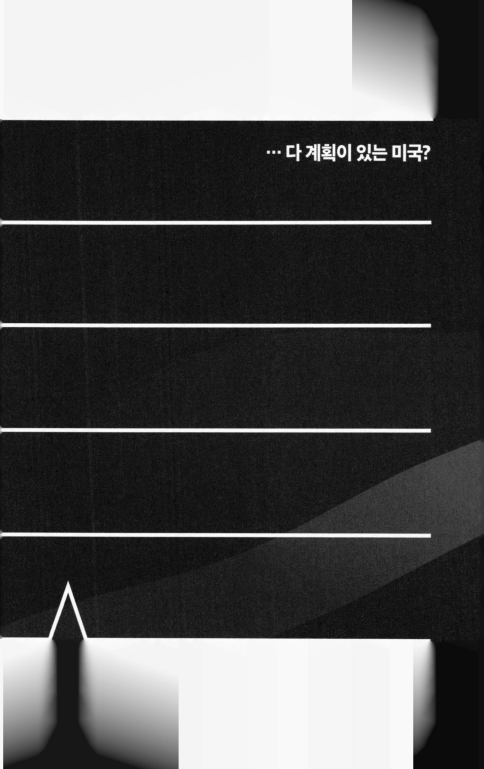

··· 다 계획이 있는 미국?

왜 미국은 중국과
'헤어질 결심'을
포기했을까

전례 없는 좌석 배치

2023년 6월 19일 중국 베이징의 인민대회당.

　시진핑 중국 주석이 테이블 가운데 상석에 자리했다. 중국의
외교 수장인 왕이 공산당 중앙정치국 위원 맞은편에서 약간 다
소곳한 자세로 시진핑을 바라보는 사람은 토니 블링컨 미국 국
무장관이었다. 미 국무장관이 중국을 방문한 건 마이크 폼페이
오 이후 5년 만이고, 바이든 행정부 들어선 처음이다. 세계적 관
심이 쏠릴 수밖에 없었는데 시진핑은 보란 듯이 블링컨을 하대

하는 듯한 장면을 연출한 것이다.

일반적으로 상대국의 주요 인사를 접견할 경우 나란히 배치된 의자에 앉는다. 대등한 위치에서 면담하는 모습을 연출하는 게 의전의 기본 프로토콜이다. 시진핑 역시 2018년 6월 폼페이오 당시 미 국무장관과 면담할 때는 탁자를 사이에 두고 나란히 앉았다(가끔은 이 기본 룰을 바꿀 수 없으니 아베 전 일본 총리처럼 자기 의자를 상대보다 높여 격을 높이려는 꼼수를 부리는 경우도 있다).

이날 만남은 회담 자체보다 회담 자리 배치가 메시지란 해석이 나왔다. 마치 시진핑이 "미중 경쟁 구도에서 중국은 아쉬울 게 없다. 정작 답답한 건 미국이고, 그러니 먼저 달려온 게 아닌가. 중국은 그저 만나준 것뿐"이라는 메시지 말이다.

공교롭게 블링컨 장관이 중국에 가기 한 달 전 윌리엄 번스 CIA 국장이 비밀리에 중국을 방문했다. 블링컨이 다녀간 직후인 7월 초에는 재닛 옐런 미 재무장관이, 그로부터 열흘 후에는 오바마 정부에서 국무장관을 지낸 존 케리 미국 기후변화 특사가 중국을 찾았다. 모두 미국 측이 먼저 제안한 만남이었다.[144] 바이든 정부에서 한자리씩 맡은 중량급 인사가 갑자기 앞다퉈 중국을 찾은 건 이전과 다른 시그널이 분명했다.

대개 아쉬운 사람이 먼저 굽힌다. 인간관계도 그렇지만 국제 외교 관계도 마찬가지다. 아쉬운 국가가 먼저 관계 개선에 나선다(가끔은 이 기본 룰이 적용되지 않는다. 피해자인 한국 측이 먼저 일제 강제 동원 배상

시진핑 주석과 블링컨 국무장관 자리 배치(2023년) 대 시진핑 주석과 폼페이오 국무장관 자리 배치(2018년).

사진: 연합뉴스

안 해법을 제시하고 일본의 성의를 바라는 경우도 있다). 이쯤 되면 미중 경쟁은 중국이 주도권을 쥔 모양새다. 그런데 정말 중국이 주도권을 쥔 것일까.

중국 때리기로
대동단결한 미국

미국 정치권도 우리나라 못지않게 정치 양극화와 팬덤 정치가 심각하다. 여야가 사사건건 대립해 툭하면 연방 정부 셧다운 위기가 닥친다. 오죽하면 신용평가회사 피치가 2023년 8월 1일, 12년 만에 미국 신용등급을 'AAA'에서 'AA+'로 한 단계 낮추면서 한마디 하기를, 미국 정치권의 여야 대립이 문제라고 했을 정도다.

이런 미국 정치권도 어렵지 않게 대동단결하는 분야가 있으니 바로 대중국 전략이다. 최소한 2010년대 들어 "중국을 손봐야한다"는 데에는 민주당, 공화당 할 것 없이 의견 일치를 본 상태다. 바이든 행정부 초대 국무장관으로 지명된 블링컨 후보자가 의회 인사청문회에 출석해 기존의 중국에 대한 낙관적인 접근법은 결함이 있다며, 트럼프 행정부가 채택한 더 강경한 접근법을 지지한다고 말할 정도였다. [145]

실제로 트럼프 승리의 일등 공신인 스티브 배넌은 트럼프가 대통령에 취임하기 얼마 전 보수 우파의 저명인사들과 만나 "모든 문제는 중국에 있다"라며 "다른 건 아무것도 중요하지 않다"라고 목소리를 높였다. 배넌은 "우리가 중국 문제를 바로잡지 못하면 어떤 것도 바로잡지 못한다. 중국을 그대로 두면 초민족주의 국가를 마주하게 될 테고, 일단 그렇게 되면 도깨비를 다시 병에 주워 담을 수 없다"라고 주장했다. [146]

트럼프는 "오바마만 아니면 무엇이든 상관없다"라는 'ABO Anything But Obama' 기조를 내세웠으나 오바마의 '아시아로의 회귀'를 구체적으로 다듬어 '인도태평양 전략'으로 내놓았다. 게다가 집권 첫해인 2017년 12월에 내놓은 국가안보전략(NSS)과 2018년 1월에 발표한 국가방위전략National Defense Strategy에서 중국을 현상 변경을 추구하는 '수정주의 패권국revisionist power'으로 규정했다.

바이든은 한발 더 나아갔다. "트럼프만 아니면 무엇이든 상관없다"는 'ABT Anything But Trump'를 외쳤음에도 트럼프의 인도태평양 전략을 계승해 QUAD Quadrilateral Security Ddialogue(미국, 인도, 일본, 호주 4자 안보대화체)라는 결사체를 만들어 냈다. 게다가 NSS에서는 중국을 '유일 경쟁자the only competitor'로 규정했다. 사실상 주적 개념을 공식화한 것으로 봐도 무방하다.

오바마, 트럼프, 바이든으로 정권이 왔다갔다하며 이전 정권의 색채를 철저히 지우면서도 중국 때리기는 강화되는 흐름이 나타나는 것이다. 이처럼 대외 정책에서 민주당과 공화당 모두 놀라울 정도로 의견 일치를 보인 건 사실상 냉전 이후 처음이다.

헤어지는 대신
4주간 조정 기간을

그러면 미국은 어떻게 중국을 손봐야 할까? 그 해답이 바로 '디커플링 decoupling' 전략이다. 디커플링은 어렵게 말해 탈동조화라고 표현하지만 쉽게 말해 커플 관계를 끊는다는 뜻이다. 이제 그만 헤어지자는 것이다. 애초 주식 시장이나 환율, 무역 관계 등에서 상호 의존도를 설명할 때 사용하는 경제 용어였는데, 어느 순간 미중 갈등을 상징하는 표현으로 확장됐다. 경제 신문에서나 쓰이던 생소한 고급 용어가 국제면에 자주 오르내리는 대중적인 표현이 된 것은 대체로 트럼프 행정부가 중국을 수정주의 경쟁자로 규정하기 시작한 2018년 전후로 보인다.

호주의 싱크 탱크 로위연구소의 동아시아 선임 연구원 리처드 맥그리거는 2018년 10월 《닛케이 아시아》에 발표한 "미중—위대한 디커플링 US and China—the great decoupling"에서 "트럼프가 당선된 이후로 세계가 휘어지기 시작했다"라며 "이런 메가트렌드의 증거는 미중 사이의 '디커플링'이라는 새로운 표현이 워싱턴

의 화두가 된 것만 봐도 알 수 있다"라고 적었다. [147]

디커플링과 짝을 이루며 사용되는 용어가 있으니 바로 '디리스킹 derisking'이다. 디커플링이 배제와 분리가 목적이라면 디리스킹은 제한적 배제와 부분적 협력에 무게를 둔다. 디리스킹은 디커플링에 비하면 최신 유행어에 가깝다. 이 역시 신문의 경제면에서나 주로 나오던 업계 용어였다가 국제면에 등장하기 시작한 건 2023년 즈음부터다. 2023년 1월 유럽연합(EU) 폰데어라이엔 집행위원장이 다보스포럼에서 처음 사용하면서 퍼졌는데, 6월 30일 EU 집행위원회는 아예 대중국 정책 노선으로 디커플링이 아니라 디리스킹을 공식적으로 채택했다.

위험 완화와 관리에 초점을 맞춘 디리스킹은 일종의 중도 전략으로 볼 수 있다. 애초에 미국의 디커플링 전략은 유럽에는 맞지 않는 솔루션이다. 중국 경제의 규모와 중요성을 볼 때 유럽이 중국과 관계를 끝내는 건 불가능에 가깝기 때문이다. 다만 권위주의 체제로 빠르게 재편되고 있는 시진핑의 중국이 달갑지 않은 것도 사실이다.

때마침 코로나19와 우크라이나 전쟁 등이 터지면서 중국에 지나치게 의존하지 않고 공급망을 다변화할 필요성이 커졌다. 그래서 핵심 자원의 중국 의존도를 서서히 낮추되 경제 관계는 유지하겠다는 현실적 방안을 도출했는데, 그게 디리스킹 전략이다. 말하자면 당장 이혼하는 것은 재산 분할이나 아이 양육권 등 여러 현실적 문제 때문에 쉽지 않으니 일단 4주간의 조정 기간을 갖는 것과 비슷하다.

마당은 좁게
담장은 높게

2023년은 미중 갈등 국면에서 가장 중요한 터닝 포인트로 기록 될지 모른다. 바이든 정부의 외교 안보 전략을 총괄하는 제이크 설리번 미국 백악관 국가안보보좌관이 그해 6월 4일 CNN에 출연해 "미국 경제는 중국에서 디커플링을 추구하는 게 아니라 디리스킹을 추구한다"라고 말했기 때문이다. 미국이 중국과 헤어질 결심을 사실상 철회하고 당분간 관계를 이어 나가겠다고 공식 선언한 것이다.

앞서 블링컨, 옐런 등 미국 고위급 인사들이 줄줄이 중국을 찾은 것도 바로 이 직후이며, 그해 11월 시진핑이 6년 만에 미국을 방문해 바이든과 정상회담을 한 것도 이러한 기조 변화 위에서 성사됐다.

그렇다면 왜 미국은 디리스킹으로 돌아선 것일까. 미국이 방향을 튼 건 중국의 부상에 잔뜩 겁을 먹었다거나 도저히 중국을 제어할 수 없어 적당한 타협을 선택한 것이 아니다. 오히려 그

반대로 보는 것이 타당하다.

이는 자세히 보면 디리스킹에 여러 조건이 잔뜩 붙어 있다는 것만으로도 알 수 있다. 설리번은 디리스킹을 추구한다면서도 반도체 등 핵심 기술의 공급망 다변화, 군사 안보용 첨단 기술의 중국 이전 제한, 미국 산업 육성 우선 등 세 가지 조건을 달았다. 여기에 해당되는 분야는 디리스킹 예외 대상이다. 그런데 구체적인 적용 가능 여부를 따지기 시작하면 예외 품목 리스트가 늘어날 수밖에 없다. 이 때문에 "이런저런 조건만 지켜지면 헤어지진 않겠다"는 이혼 유예 양해각서 느낌이랄까.

앞서 설리번은 2022년부터 종종 '마당은 좁게 담장은 높게 Small yard High fence' 원칙을 언급하며 맞춤 규제를 강조해 왔다. 이 표현은 오바마 정부 시절 로버트 게이츠 국방장관이 처음 사용한 것으로 알려졌다. 수출 통제 체제가 지나치게 포괄적이고 복잡하자 이를 개혁하며 내놓은 원칙으로, 꼭 필요한 분야로 규제 범위를 좁히는 대신 규제는 강력하게 이행한다는 의미다.

마당을 좁게 하고 담장을 높게 칠 분야는 군사 안보와 직결되는 반도체, 양자 컴퓨팅, AI 같은 첨단 핵심 기술 분야가 우선 거론되는데, 이들은 기존 디커플링의 핵심 원칙이자 앞에서 열거한 디리스킹의 예외 조항 세 가지와 유사하다. 이 때문에 디리스킹이 실은 디커플링을 보다 부드럽게 부르는 용어일 뿐이란 해석이 나온다.

결국 디커플링이 포괄적이고 모호해서 중국이 강력 반발하고 동맹인 유럽마저 설득하기 쉽지 않자 보다 정교하게 다듬어 내놓은 게 디리스킹인 셈이다. '마당은 좁게 담장은 높게'라는 다락방 상자 속에 있을 법한 표현을 다시 찾아 꺼내든 설리번은 의기양양한 표정을 지었을지도 모른다.

따라서 미국이 갑자기 디커플링 대신 디리스킹을 부각한다는 건 중국의 위협에 굴복했다기보다 뭔가 계산이 끝났다는 자신감 때문으로 보는 게 타당하다.

"결국 디리스킹이라는 새로운 수사에도 불구하고 미국의 중국 견제 정책은 근본적으로 변화하였다고 보기 힘들다는 것이다. 변화가 있다면 핵심은 오히려 기존의 중국 배제 정책을 특정 분야에서는 보다 정교화한 형태로 강화하되 그에 수반할 수 있는 갈등과 위험의 관리를 제도화하려는 것으로 보아야 한다. 디리스킹은 중국 견제 정책의 효과에 대한 미국의 자신감 표현이며 세련된 디커플링 정책으로 이해해야 한다."[148]

미국에 도전한
나라들

중국 이전에도 미국의 패권에 도전한 나라들이 있다. 2차 세계대전이 끝난 후로 좁히면 소련, 독일, 일본 세 곳이다. 하지만 하나같이 미국을 넘어서지 못하고 나가떨어졌다.

소련은 군사, 경제, 문화 등 전방위에 걸쳐 미국과 체제 경쟁을 벌이며 40년 넘게 지구를 양분했다. 하지만 결국 안에서부터 곪아 터지며 허망하게 무너졌다. 이후 독일과 일본이 부상했다. 둘 다 미국의 동맹인 만큼 군사력이 아닌 경제력으로 맞붙었는데 특히 일본의 위력이 대단했다. 시가 총액 기준으로 1988년 글로벌 대기업 10위에 포함된 일본 기업은 NTT, 스미모토은행, 후지은행, 도쿄전력 등 8개에 달했다. 미국 기업은 IBM과 엑손모빌만 이름을 올렸다. 시가 총액 순위를 50개까지 확대하면 일본 기업의 수는 전체의 66퍼센트에 달할 정도로 위상이 절대적이었다. [149] "도쿄를 팔면 미국 대륙을 사고 남는다"라는 말이 바로 이때 나왔다. 진주만 공습에 이어 또 한 번 '재패니즈 인베이전 Japanese Invasion'이 벌어진 셈이다.

군사적 위협은 생존과 직결되지만 당장 피부에 와닿지는 않는다. 그러나 생활과 직결되는 경제적 위협은 당장 피부로 느껴진다. 소련이야 처음부터 적국이었으니 그렇다 쳐도 동맹국 일본한테 위협을 느끼는 건 일찍이 경험해 보지 못한 불안감이었다. 당시 일본에 대한 미국의 경계심이 어느 정도였냐 하면 블록버스터 할리우드 영화가 앞다퉈 일본의 위협을 중요한 코드로 차용했을 정도다. 일본 재벌이 소유한 LA 나카토미 빌딩에서 인

질극이 벌어지거나(《다이하드 1》), 일본계 야쿠자들이 미국 사회를 뒤흔드는 거대한 음모 세력으로 등장하거나(《라이징 선》), 자동차 산업의 메카였던 디트로이트를 실질적으로 지배하는 빅브라더가 일본계 자본이라는 식이다(《로보캅 3》).

하지만 할리우드마저 걱정했던 '재팬 포비아'는 1985년 미국 주도의 플라자합의Plaza Agreement(인위적으로 엔화 가치를 높여 일본산 제품의 가격 경쟁력을 떨어뜨린 것)로 서서히 줄어들기 시작했다. 한때 경제적으로 미국과 맞짱을 뜨던 일본은 플라자합의 한방으로 '잃어버린 20년'에 빠져 이제는 감히 미국을 넘볼 생각조차 하지 못한다.

그런데 중국은 이들과 다르다고 자신한다. 진창룽 중국 인민대학교 국제관계학원 부원장은 미국의 패권에 도전한 소련, 독일, 일본이 모두 미국 GDP의 70퍼센트 수준에 미치지 못하고 체제 경쟁에서 이탈했다고 진단했다. 하지만 중국은 이미 미국 GDP의 70퍼센트 수준을 넘어섰고 2025년에는 따라잡는다고 전망한다. [150] 중국은 소련, 독일, 일본과 다른 길을 걷고 있다는 자신감이다.

중국의 목표는 중화인민공화국 건국 100주년인 2049년 부강한 사회주의 현대화 강국을 달성해 미국에 맞서는 세계 패권국이 되는 것이다. 이게 바로 중국몽이다. 초반 페이스가 나쁘지 않아 일각에서는 10여 년 빠른 2035년쯤이면 군사력, 경제력 등 종합적 국력에서 미국과 대등할 것이란 전망도 나왔다. 그런데

2023년을 기점으로 이런 예측이 줄어드는 추세다. 미국은 이 흐름에 주목했고 중국도 이를 모를 리 없다.

중국 내부의 이상 신호…
오히려 중국의 근자감?

중국이 소련이나 독일, 일본과 같은 전철을 밟을 수 있다는 신호는 곳곳에서 감지되고 있다. 만약 중국몽의 실현 가능성을 묻는 여론조사를 했다면 부정 응답이 긍정 대답을 추월하는 데드 크로스가 나타났을 것이다.

당장 경제 성장률이 한풀 꺾이면서 디플레이션 위기가 거론되고 있다. 코로나19 이후 중국 당국의 기대만큼 경기가 부양되지 않는 상태다. 시진핑은 2023년 6월 23일 중국 공산당 정치국 회의를 열었다. 이 자리에서 중국 당국은 경제 상황을 "기복이 있는 발전, 곡절이 있는 전진의 과정"이라고 평가했다. 시진핑 면전이라 최대한 완곡하게 표현한 것일 뿐 사실상 중국 경제에 빨간불이 켜졌음을 인정한 것이다. 중국 당국은 경제 회복이 더딘 이유로 내수 부진, 부동산 리스크, 그리고 외부 환경의 어려움을 꼽았다.

먼저 중국의 내수 부진과 부동산 침체가 길어질 것이란 전망이 나오는 이유는 중국 인구가 감소한 탓이 크다. 인구 감소는 중국의 패권 추구에도 심각한 장애물이 될 수 있다. 세력 전이 이론을 정립한 케네스 오르간스키는 국력 성장 속도에 따라 패권국이 바뀌고 세력 균형이 깨질 수 있다고 봤다. 오르간스키는 국력 성장 속도를 결정하는 요인으로 군사력, 경제력과 함께 인구수도 중요한 요소라고 분석했다. 이를 바탕으로 이미 70여 년 전에 세계 최대 인구수를 자랑하는 중국이 부상할 수밖에 없다고 예측했다.

세력 전이 이론대로면 지금 중국은 국력 성장 속도가 현저히 떨어지며 패권 추구에 빨간불이 들어온 게 분명하다. 유엔에 따르면 인도 인구는 2023년 4월 말 기준 14억 2577만여 명으로 이때를 기점으로 중국을 앞질렀고 격차는 더 벌어지고 있다. [151]

그동안 압도적 인구를 바탕으로 고도성장을 구가하던 중국으로서는 발등의 불이 떨어진 셈이다. 시진핑은 인도에 추월당한 직후인 그해 5월 초에 "적당한 출생률과 인구 규모를 유지하기 위해 노력해야 한다"라고 주문했다. [152] 중국 쓰촨성 청두의 한 대학은 남녀 학생들에게 '나가서 꽃구경하고 연애하라'며 없던 봄방학까지 만들었다. [153]

중국 당국이 경기 침체의 또 다른 원인으로 꼽은 '외부 환경의 어려움'은 미국 주도의 디커플링 전략을 가리킨다. 바이든 행정부가 몰아붙인 반도체, 첨단 기술 등에 대한 수출 제한과 공급망 분리 전략은 상당한 효과를 내며 중국 경제의 발목을 잡았다.

미국은 중국 포위망도 더 촘촘히 만들었다. 오커스, 쿼드, 인도태평양경제프레임워크, 칩4, 인도태평양-나토 연계 강화 등이 그것이다. 중국과 달리 수십 개의 동맹국을 가진 미국이 이를 최대한 활용해 중국을 압박하는 것이다. [154]

반면에 시진핑이 2013년 야심 차게 시작했던 일대일로 프로젝트는 별다른 소득 없이 삐걱대기 시작했다. G7 중 유일한 참여국인 이탈리아마저 2023년 12월 탈퇴를 선언하면서 중국을 긴장시켰다.

이런 추세라면 중국이 미국과 제대로 붙어 보기도 전에 패권 경쟁이 끝날지도 모른다. 벌써 힘에 부친다는 것을 누구보다도 중국이 잘 알고 있다. 중국몽은 점차 멀어지는 꿈이 되고 있다. 블링컨을 하대하는 듯한 자리를 연출한 것은 이런 불안 심리를 반영한 것일지도 모른다.

"너 때문에 고생깨나 했지만
사실 너 아니었으면 내 인생 공허했다"

영화 〈헤어질 결심〉에 나오는 대사다. 인간은 때로 고생보다 공허한 것을 더 참기 힘들어한다. 고생이 현실과 조응한다면 공허는 실존과 직결되는 문제다. 너라는 존재가 아무리 싫어도 내가 살아 있음을 느끼게 해 준다면 싫어하는 그 자체도 고맙지 않을까.

　미국 입장에서 중국은 거슬리는 이웃이자 이미 고생깨나 시키고 있는 경쟁자이지만, 동시에 미국의 존재감을 다시 깨닫게 해 준 고마운 존재일지 모른다. 미국이 마음만 먹으면 그게 소련이든, 독일이나 일본이든, 이번에는 다를 거라고 자신하는 중국이든 주저앉힐 수 있는 유일한 슈퍼파워임을 다시 확인시켜 주기 때문이다.

　그래서 한때 헤어지는 것을 심각하게 고민했지만, 이제는 헤어질 결심을 거둬들이고 조금 불편해도 관계를 이어 가는 쪽으로 선택했다. 미중 관계를 파탄 내지 않고도 얼마든지 중국의 도전을 좌절시킬 수 있다는 계산이 선 것이다. 이런 차원에서 미국의 디리스킹은 미중 갈등 국면이 새로운 단계로 넘어갔음을 의미한다. 공교롭게 2024년 4월 블링컨이 다시 베이징을 방문했을 때도 시진핑은 10개월 전과 똑같은 자리 배치를 연출했다. 지난번에는 불안감을 자신감으로 포장한 것이라면, 이번에는 대놓고 불만을 표시한 것으로도 볼 수 있다.

왜 미국은 나토를
파투 내려 할까

'노벰버 알파 탱고 오스카'

'북대서양조약기구'를 모르는 사람도 '나토'는 들어봤을 것이다. 영어 약자로 표현되는 국제기구 중에 나토^{North Atlantic Treaty Organization} (NATO)는 UN이나 EU 정도는 아니더라도 그에 견줄 정도는 된다. 일반인들은 자신이 생각하는 것보다 일상에서 더 자주 나토를 접한다. 예능 프로그램 〈무한도전〉에서 유재석이 자주 차고 나오며 스타일리시한 면모를 부각해 주던 시곗줄은 나토밴드로 불린다. 영국군이 나토군에 보급한 군용 시곗줄로 한쪽이 끊어져

북대서양조약기구 나토 엠블럼.　　출처: 나토 홈페이지

도 시계가 떨어지지 않는다.

'알파 브라보 찰리 델타…' 역시 나토군에서 도입한 음성 문자다. B지역을 폭격하라고 했는데 잘못 알아들어 하필 아군이 모여 있는 D지역을 때리면 안 되기 때문에 통신 과정에서 'B'를 'Bravo'라고 표현하는 게 나토 음성 문자다. 이쯤 되면 '노벰버 알파 탱고 오스카'가 무엇인지 알 수 있을 것이다.

게다가 2022년 2월 우크라이나 전쟁이 터진 이래 나토는 하루가 멀다 하고 국제 정치 뉴스에 오르내리고 있다. 윤석열 대통령이 취임하자마자 첫 해외 순방으로 고른 곳도 그해 6월 스페인에서 열린 나토 정상회의였다. 나토 수장인 옌스 스톨텐베르크 사무총장은 2023년 1월 6년 만에 한국을 찾아 대놓고 우크라이나에 무기를 지원해 달라고 요청하기도 했다.

특히 나토는 2023년 4월 한미 정상회담을 전후로 또 한 번 큰 화제가 됐다. 대통령실 고위 관계자가 '워싱턴선언'의 핵심인 한 미 핵 협의 그룹Nuclear Consultative Group (NCG)이 '나토식 핵 공유 모델'에 버금간다고 주장하며 "사실상 핵 공유 느낌"이라고 의미를 부여했는데, 곧 에드 케이건 백악관 NSC 동아시아·오세아니아 담당 선임국장이 "직설적으로 말하는데 핵 공유가 아니다"라고 반박하면서 머쓱해진 것이다. 어쨌든 이런 나토가 나토를 벗어나려 하고 있다.

나토가
동쪽으로 간 까닭은

나토와 여느 국제기구의 가장 큰 차이점은 바로 이름이다. '파리 협정' '베스트팔렌조약' '강화도조약'처럼 일반적으로 이름에 지역이 들어가면 그곳에서 체결됐다는 의미다. 구소련이 나토에 대항해 만든 '바르샤바조약기구'는 회원국들이 폴란드 수도 바르샤바에 모여 협정에 서명했다는 뜻이지, 바르샤바만 지키겠다는 뜻이 아니다. 반면에 나토는 이름 자체에 임무가 미치는 지역적 한계를 분명히 담고 있다. 조약 5조에 명시된 것처럼 유럽과 북미를 포함한 북대서양 지역^{North Atlantic Area}으로 한정됐다.

그런데 냉전이 끝나자 나토의 맨 앞에 붙은 알파벳 'N'이 거추장스러워졌다. 냉전 시기 든든한 집단 안보의 정체성이었던 'N'이 어느 순간 활동 반경을 제약하는 족쇄로 느껴지기 시작한 것이다. 이름 앞의 N을 뗄 방법이 없을까 두리번거리다 슬금슬금 동쪽으로 움직이기 시작했다.

미소 체제 경쟁이 사실상 소련의 항복 선언으로 끝나자 미국은 굳이 러시아의 눈치를 볼 이유가 사라졌다. 미국은 냉전 이후 세계를 관리할 새로운 국제 질서를 짜면서 다자주의 모델을 새로 만든다거나 유엔의 역할을 강화한다거나 또는 기타 등등은 사실상 고려 대상에서 제외됐다. 소련을 굴복시키며 효과를 입증한 '자유주의 질서'를 전 지구적으로 확산시키기만 하면 그만인데, 그 한 축이 바로 집단 안보틀을 정착시킨 나토 모델이다. 이 때문에 나토는 맞서 싸울 적이 사라졌음에도 해체나 축소를 선택하지 않았다.

나토가 이름 앞에서 N을 떼어 내 버릴지도 모른다고 처음부터 의심의 눈초리로 본 건 러시아다. 그러자 미 국무장관 제임스 베이커가 1990년 2월 9일 고르바초프를 만나 "나토의 관할권이 동쪽으로 단 1인치라도 확장되는 일은 없을 것이다"라며 안심시키기도 했다. 하지만 이 약속은 단 1인치도 지켜지지 않았다. 대신 베를린 장벽 너머 유럽 동쪽으로 밀고 들어가는 길을 택했고,

동유럽 국가를 차례로 새 회원국으로 받아들였다.

러시아는 나토의 동진을 자신에 대한 직접적 안보 위협이자 새로운 포위 전략으로 간주했다. 동유럽에서 특히 우크라이나에서 영구적으로 러시아의 영향력을 박탈하려는 시도로 해석한 것이다. 러시아가 우크라이나를 사활적 이익이 걸린 곳으로 생각하는 건 지정학적 이유가 크다. 브레진스키는 우크라이나를 중요한 지정학적 추축이라고 정의했다.

그는 "우크라이나 없이도 러시아가 제국의 지위를 노릴 수는 있지만 전적으로 아시아의 제국이 될 수밖에 없다"라고 진단했다. 러시아가 우크라이나에 대한 지배력을 회복한다면 5200만 명의 인구와 주요한 지하자원, 흑해로 통하는 길을 확보해 다시금 유럽에서 아시아에 이르는 제국 국가가 될 수 있다는 것이었다.[155] 러시아 입장에서는 전쟁을 해서라도 반드시 지켜야 할 곳인 셈이다.

그런데 나토가 우크라이나까지 손을 뻗치자 푸틴 대통령으로서도 예방적 조치를 취할 수밖에 없었다는 분석이 있다. 실제로 푸틴은 "만약 우크라이나가 나토에 가입한다면 우크라이나는 국가로서 더 이상 존재하지 못하게 될 것"이라고 경고했다.[156]

미어샤이머는 "러시아는 우크라이나, 조지아의 나토 가입에 절대 반대했다. 무엇이 러시아에 위협이 되는지 궁극적으로 결정할 나라는 서방이 아니라 러시아"라며 나토의 안이한 판단을 비판했다. [157] 그렇다고 러시아가 정당성을 획득하는 것은 절대 아니다. 실제로 우크라이나 전쟁을 일으킨 주체는 미국도 나토도 아닌 푸틴 스스로임이 분명하다. [158]

앞으로 앞으로!
지구는 둥그니까 자꾸 걸어 나가면

이제 나토는 '북대서양North Atlantic'이라는 태생적 한계를 벗어나 인도양을 거쳐 태평양Pacific까지 눈을 돌리고 있다. 기존 체제를 깨뜨리는 껍질의 파괴! 그리하여 대서양에서 태평양을 잇는 사실상 범지구적인 집단 안보 기구로의 확장! 마침내 나토의 꿈은 '파토Pacific-Atlantic Treaty Organization'(PATO)가 되는 것이다! 이 꿈이 파투破鬪 나지 않도록 나토는 오랫동안 야금야금 동쪽으로 영역을 넓혔고, 마침내 드넓은 유라시아 대륙을 거쳐 아시아까지 손을 뻗치고 있다.

2022년 6월 스페인에서 열린 나토 정상회의는 바로 이를 공식화한 자리다. 나토는 이 자리에서 전략 개념을 수정했는데 2010년 리스본 정상회의 이후 12년 만이다. 전략 개념에서 가장 눈에 띄는 건 중국의 등장이다.

13. 중국이 명시한 야망과 강압적 정책은 우리의 이익과 안보, 가치에 도전한다…. 중국은 경제적 영향력(레버리지)을 이용해 전략적 의존성을 만들어 내고 영향력을 늘려 가고 있다…. 중국은 우주, 사이버, 해양 영역 등에서 규칙에 기반한 국제 질서를 뒤집으려 노력하고 있다. 중국과 러시아 연방 간의 전략적 동반자 관계 강화 그리고 규칙에 기반한 국제 질서를 약화시키려는 그들의 상호 간 보강 시도는 우리 가치와 이익에 배치된다."[159]

2010년 마지막으로 고쳤던 전략 개념에서는 러시아와 전략적 파트너십이 중요하다고 강조했고 중국에 대해서는 아예 언급조차 없었다. 그런데 이번에는 러시아는 물론이고 중국을 향해서도 분명하게 도전 세력이라고 규정했다. '규칙에 기반한 국제 질서'는 미국이 중국을 겨냥할 때 항상 쓰는 표현이다. "같이 가자"던 기조가 불과 12년 만에 "같이 가기 힘들다"로 180도 바뀐 셈이다.

특히 나토는 "인도태평양이 중요하다"라며 "지역을 넘어서는 도전과 공통의 안보 이익을 다루기 위해 인도태평양의 기존 파트너국은 물론이고 새로운 나라들과도 협력을 강화하겠다"라고 강조했다. 나토의 꿈이 비로소 '파토(PATO)'가 되는 것임을 명실상부 공개 선언한 것이다.

이로써 조약의 이름은 '북대서양'으로 한정되는데 전략 범위는 슬그머니 '유럽과 대서양' '인도와 태평양' 지역으로 확장됐다. 이번 신전략은 나토판 '신냉전' 선언이라고 할 만하며, 나토는 좁은 유럽을 벗어나 글로벌 군사 동맹을 선언했다는 분석이 나왔다.[160] 실제 나토는 2023년 비회원국 중 유럽 이외 지역에서는 최초로 아시아에 도쿄 연락사무소 설치를 공식화했다.

나토의 탈유럽 확장 선언은 중국과의 경쟁에서 우위에 서려는 미국의 동원 전략과도 맞닿아 있다고 볼 수 있다. 중국이 워낙 덩치도 크고 집도 잘살다 보니 미국도 혼자 상대하기에는 부담이 된다. 미국은 다방면에 걸쳐 힘을 모아 싸울 같은 편을 재정비했다. 동아시아에서는 일본이, 유럽에서는 나토가, 그 가운데에서는 인도가 우선 대상이다. 미국을 중심으로 북대서양의 나토와 인도태평양의 쿼드를 연결해 중국을 포위하는 그림이 바로 미국이 냉전 이후 유지한 원톱 센터를 보장받는 글로벌 안보 전략의 핵심인 셈이다.

이러한 중국 포위 그물망을 보다 촘촘하게 해 주는 디테일 전략 중 하나가 바로 한미일 삼각 공조다. 한국 대통령이 처음으로 나토 정상회의에 초대된 것이 하필이면 중국을 겨냥해 12년 만에 전략 개념을 전면적으로 뜯어고친 2022년 나토 정상회의였던 점도 이런 맥락에서 생각할 수 있다.

나토가 파토가 되자
파투 난 꿈들

꿈을 위해서는 포기해야 하는 것이 생기는 법이다. 나토의 경우에는 우선 러시아다. 나토가 집단 안보의 지리적 경계를 허물고 글로벌 군사 동맹으로 나아가는 꿈을 꾸는 순간, 자유주의 체제 속에서 서방과 어깨동무를 하는 '민주주의 러시아'라는 전망은 불가능한 꿈이 됐다. 한때 서방 주요 7개국 모임은 러시아를 끼워 G8 체제로 확대했지만, 2014년 크림반도 합병으로 퇴출당하면서 중단됐다. 친푸틴계인 페스코프 크렘린궁 대변인은 2020년 7월 27일 "러시아는 G7 합류에 애쓰지 않는다. 오히려 G20이더 효율적"이라며 관심 없다고 말한 바 있다. 러시아가 서방과한팀이 되는 건 사실상 끝났다는 선언이다.

케넌은 이미 1990년대에 러시아 국경까지 계획되던 나토 확대가 "아마도 열전으로 끝나게 될 신냉전"을 야기하고 러시아에서 민주주의의 기회를 앗아 갈 것이라고 경고한 바 있다.[161] 심지어 러시아가 서방과 손잡고 G8 체제가 공식 출범하기 1년 전인 1997에도 "나토 확장은 탈냉전 시기 전체를 통틀어 미국 외교 정책의 가장 치명적인 실책이 될 것"이라고 경고했다. 케넌은 "이 결정은 러시아에서 민족주의 반서구주의 군사주의 경향에 불을 붙이고 민주 정치 발전에 부정적 영향을 미칠 것"이라며 "동서

신냉전 분위기를 조장하여 러시아의 외교 정책을 결단코 우리가 원치 않는 방향으로 몰고 갈 것"이라고 주장했다. [162]

더 큰 문제는 러시아가 미국과 나토에 맞서기로 했다는 점이다. 러시아는 다방면에 걸쳐 힘을 모아 함께 싸울 같은 편을 재정비했는데, 마침 유라시아 대륙 동쪽에서 자신도 힘을 주체할 수 없는 거대한 중국과 남쪽 중동에서는 지역 맹주를 꿈꾸지만 미국과 오랫동안 사이가 좋지 않은 이란이 우선 대상이다.

이에 대한 우려 역시 오래전에 나온 바 있다. 브레진스키는 1990년대 말 미국이 러시아를 너무 몰아붙이면 나중에는 감당하기 어려울 수 있다고 경고했다. 그는 "잠재적으로 가장 위험한 시나리오는 중국 러시아 그리고 아마도 이란이 합세한 거대한 동맹이 형성되는 일"이라고 주장했다. 그러면서 "이것은 이데올로기에 의해 통합된 것이 아니라 상호 보완적인 불만감에 의해 통합된 반패권 동맹으로 그 규모나 영역 면에서 과거 중소 진영에 의해 제기됐던 도전을 상기시켜 줄 만하다. 그러나 이번에는 중국이 주도국이 되고 러시아가 추종국이 될 가능성이 높다"라고 강조했다. [163]

중국이 본격적으로 부상하기 이전의 전망이지만 20년이 훌쩍 지난 지금의 국제 정세를 정확하게 예측했다. 근래에도 경고성 전망이 이어졌다. 국제정치학자 찰스 쿱찬은 우크라이나 전쟁 발발 직후 이번 전쟁을 분수령으로 하여 미소 냉전보다 더 감당하기 벅찬 중러 블록의 탄생을 예고했다. 쿱찬은 "러시아가 중국을 더 필요로 한다는 게 약점이니 미국은 무슨 수를 써서라도 둘을 분리해야 한다"라며 "러시아를 당분간 페널티 박스에 묶어 두면서 중국과 더 이상 가까워지지 않도록 해야 한다"라고 조언했다. [164]

그러나 '중러 갈라놓기' 전략을 짜기에는 타이밍을 놓친 것으로 보인다. 시진핑과 푸틴은 2022년 우크라이나 전쟁 이후 3년 연속 정상회담을 했다. 두 사람은 2023년 3월 정상회담에서 "중러의 안보 이익을 지키기 위한 지원을 서로 제공할 것"이라며 근래 보기 드문 밀착을 과시했다. 언론에서는 '반미 동맹'이란 표현까지 나왔다. [165] 2024년 5월 16일에는 푸틴이 다섯 번째 대통령 임기를 시작한 지 9일 만에 베이징을 방문해 시진핑을 만났다. 시진핑은 푸틴을 "내 라오펑유老朋友(오랜 친구)"라고 부르면서 환대했다. 평소 툭하면 정상회담에 지각하는 것으로 악명 높은 푸틴도 이번에는 아직 동이 트기도 전인 새벽 4시에 도착해 거의 하루를 시진핑과 함께 보냈다. [166]

우크라이나 전쟁 첫해만 해도 러시아와 거리를 두던 중국이 사실상 러시아에 힘을 싣는 방향으로 무게중심을 옮긴 것인데, 중국도 나토의 꿈이 궁극적으로 자신을 포위하려는 것임을 간파했기 때문이다. 실제로 시진핑은 중러 정상회담에서 나토가 도쿄 연락사무소 설치를 검토하는 것에 대해 "그렇게 되면 일본 국민이 불길 속으로 끌려들어 갈 것"이라고 섬뜩한 경고를 날렸다. 그러자 스톨텐베르그 나토 사무총장은 곧 "나토는 북미와 유럽의 동맹으로 남을 것"이며 "아시아를 포함하는 글로벌 동맹이 되지 않을 것이다"라고 진화에 나섰다.

하지만 이 말을 곧이곧대로 믿을 사람은 많지 않다. 30여 년 전 "1인치라도 동쪽으로 확장되는 일은 없을 것"이라는 약속이 지켜지지 않은 것을 기억하기 때문이다. 나토는 "확장하지 않는다"라는 말을 하면서도 시선은 여전히 동쪽을 향하고 있기 때문이다.

'내돈내산' 안보에
당황한 나토

다만 나토의 꿈이 중단 없이 계속될지는 지켜봐야 한다. 바로 미국의 변덕 때문에, 정확히 말하면 2024년 대선에 출마한 트럼프 때문이다.

트럼프는 대선 기간에 나토 동맹국들이 방위비 분담금을 충분히 지불하지 않으면 러시아의 공격을 묵인할 수 있다는 취지로 말을 해 유럽을 발칵 뒤집어 놓았다. 이미 집권 1기 시절에도 틈만 나면 "분담금을 더 내놓지 않으면 나토에서 탈퇴할 수 있다"라고 으름장을 놓았는데 여기서 한발 더 나아간 것이다.

트럼프는 2024년 2월 사우스캐롤라이나에서 열린 대선 유세에서 과거 나토 회원국 정상 한 명과 나눈 대화를 소개했다. 그는 "한 정상이 '만약 우리가 돈을 내지 않고 러시아의 공격을 받으면 당신은 우리를 보호해 주겠느냐'고 물었다"라며 "나는 '당신은 돈을 내지 않았으니 체불delinquent이 아니냐, 그런 일이 있다면 당신을 보호하지 않을 것'이라고 대답했다"라고 털어놓았다. 트럼프는 이어 "나는 저들(러시아)이 원하는 대로 하라고 독려encourage할 테니 돈을 내라고 했다"라며 "그랬더니 결국 돈이 들어왔다"라고 자랑했다. 이 정상은 우르줄라 폰데어라이엔 EU 집행위원장이었다. [167]

사실상 '돈이 없으면 동맹도 없다'는 인식도 심각하지만, 나토가 그동안 확장해 온 것이 미국과는 전혀 관계없는 일이라는 선 긋기에 나토는 배신감을 느꼈다. 게다가 러시아가 유럽을 침공하도록 독려하겠다니…. 경쟁자인 바이든을 비롯해 나토는 트럼프에게 맹비난을 퍼부었다. 트럼프도 자신의 발언 수위가 너무 셌다는 것을 깨달았는지 그해 3월 영국 언론과의 인터뷰에서 "협상 전술 중 하나였다"라고 해명했다. 다른 회원국들이 공정한 태도를 보인다면 미국은 나토에 "100퍼센트 남아 있을 것"이라며 수습하기도 했다. [168]

나토의 분담금 이슈는 2014년으로 거슬러 올라간다. 미국과 회원국들은 2024년까지 국방비를 GDP의 2퍼센트까지 증액하기로 합의했지만, 약속을 지킨 나라는 31개국 중 3분의 2에 미치지 못한다. 이 때문에 트럼프는 언제든지 위험한 협박 카드를 다시 꺼낼 수 있다. 이미 우크라이나 전쟁과 이스라엘 전쟁에 많은 비용을 쏟아부은 바이든 역시 언제까지나 일부 회원국의 '무임승차'를 모른 척하기는 힘들 수 있다. 따라서 나토의 꿈은 러시아나 중국이 아니라 정작 미국 때문에 금이 갈지도 모른다.

왜 미국은
'한미일' 매직에
꽂혔을까

한미일 한미일~
신나는 노래?

바이든 행정부 들어서 미국이 동북아 정세를 언급할 때 거의 빠지지 않는 말이 있다. 바로 '한미일'이란 말이다. 미국의 동북아 동맹을 엮어서 부르는 말이자 '북중러'와 선명한 보색 대비를 이루며 지정학의 각축장으로서 동북아를 설명하는 프레임 정도가 됐다. 새로울 게 없는 말이지만 바이든 정부 들어 사용 빈도가 증가하더니 2023년 이후 언급 횟수가 부쩍 늘었다.

특히 한미일은 '3각 (안보) 협력'과 쌍으로 묶이는 빈도도 높아졌다. 바이든 행정부 초대 국무부 대변인으로 '미국 외교의 입' 역할을 했던 네드 프라이스는 "바이든 행정부는 출범 이후 약 25회의 고위급 3자회담을 이어 왔다"며 "한미일 3자 관계는 자유롭고 열려 있는 인도태평양이라는 공동 비전의 핵심이기 때문에 이토록 많은 시간을 들여온 것"이라고 강조했다. [169]

단순한 지역 묶음을 가리키던 신조어 '한미일'은 미국의 동맹 전략과 동북아의 지정학적 중요성이 추가된 일반명사처럼 쓰이다가 어느덧 특정한 의미로 고정된 보통명사처럼 굳어지고 있다. 이런 변화의 계기가 된 장면이 2023년 3월 16일이다.

이날은 윤석열 대통령과 기시다 후미오 일본 총리가 도쿄에서 만난 날이다. 두 사람은 과거는 털고 미래를 위해 사이좋게 지내자며 손을 잡았다. 앞서 우리 정부가 일제 강점기 강제 징용 피해자에 대한 배상을 사실상 우리 측이 일본 측을 대신해 주는 방안을 제시한 직후다. [170]

끝까지 버텨 거의 다 얻어 낸 기시다보다 더 기쁜 사람은 바이든 미 대통령일지 모른다. 이전까지 과거사 문제와 경제 보복 조치 등으로 한일 관계가 역대 최악의 수준이었다. 한일 양국이 제발 사이좋게 지내기를 바라던 참에 마침 화해의 장이 열렸으니 어쩌면 바이든은 도쿄로 가고 싶었을지도 모른다. 그토록 원하던 한미일 삼각 안보 협력의 문이 열리는 순간을 만끽하고 싶었을지 모른다.

캠프 데이비드의 한미일은
오직 한곳만 가리킨다

바이든은 실제 서울과 도쿄의 '역사적인 화해' 장면에 끼지 못한 것이 못내 아쉬웠던지 그해 8월 18일 한일 정상을 미국 대통령 휴양지인 캠프 데이비드로 초청했다. 내친김에 미국을 사이에 두고 한미 동맹과 미일 동맹으로 나뉜 안보 협력 구조를 하나의 한미일 삼각 협력체로 전환하기 위한 닻을 올린 것이다. 한가운데에서 한일 양국 정상과 노타이 차림으로 산책을 하며 환하게 웃는 바이든은 속으로 '한미일 한미일~' 하며 읊조렸을지 모른다. 잘 하면 70년 숙원이 해결될 수 있을지 모르기 때문이다.

아이젠하워 행정부에서 국무장관을 지낸 존 포스터 덜레스는 한국전쟁 직후 일본, 한국, 대만을 미국과 묶는 집단 안보 체제 동북아조약기구(NEATO, 나토)를 만들고자 했다. 유럽의 '나토'와 유사한 조직을 아시아에도 만들겠다는 구상인데 현실성이 떨어져 없던 일이 됐다. 한국의 이승만 정부는 일제 강점기 기억 때문에 일본과 협력할 수 없다고 강하게 반대했고, 일본은 세계대전을 일으킨 전력 때문에 재무장을 금지한 '평화헌법'을 버릴 수 없었기 때문이다.

전후 일본 역할의 한계, 아시아 국가 간 강한 불신 등으로 집단 안보 체제는 쉽지 않았다. 더 근본적인 문제는 원치 않는 전쟁에 연루될 위험 때문이었다. 설사 집단 안보 체제를 만들더라도 이승만 정부나 대만 장제스 정부가 이른바 '조국 통일'을 시도하면서 북한이나 중국과 전쟁을 벌일 경우 다른 국가도 위험에 빠트릴 수 있다는 것을 우려했다는 뜻이다. 집단 안보 체제의 핵심은 회원국 어느 하나가 공격을 받으면 전체에 대한 공격으로 간주하고 공동 대응하는 것이었기 때문이다. 그나마 태평양에서 미국이 압도적인 군사 우위를 점하고 있었기 때문에 개별 국가와 맞춤형 일대일 동맹을 맺는 '패치워크(조각보)' 방식을 도입할 수 있었다.[171]

아무튼 바이든 정부는 한미일을 하나로 묶는 데 지대한 관심을 쏟았다. 그 이유가 무엇일까. 지정학 전문가 니콜라스 스파이크먼은 《세계 정치에서 미국의 전략: 미국과 세력 균형》(1942)에서 장차 중국의 급부상을 예언하며 '아시아 지중해'라는 개념을 창안했다. 대만, 싱가포르, 호주의 케이프 요크를 잇는 삼각형 안의 바다로 지금의 남중국해 대부분의 지역이다. 이곳은 태평양과 인도양을 잇는 해양 교통의 요지다. 미국이 인도태평양으로 움직이는 복도이자 중국이 태평양으로 접근하는 통행로인 셈이다.

윤석열 대통령과 조 바이든 미국 대통령, 기시다 후미오 일본 총리가 캠프 데이비드에서 열린 한미일 정상회의를 앞두고 로렐 로지 앞에서 인사를 나누고 있다.

스파이크먼은 당시 2차 세계대전이 끝나면 아시아 지중해가 미국에 가장 중요한 전략적 공간이 될 것이라고 예측했고, 따라서 이곳이 단일 국가에 의해 지배되는 것은 미국에 매우 불리하다고 역설했다. [172]

냉전이 도래하며 이곳은 오랫동안 미국의 전략 우선순위에서 주목받지 못했다. 그런데 중국이 급부상하면서 미국은 위협 체크 리스트를 전반적으로 다시 검토하기 시작했다. 그 결과 아시아 지중해 즉 지금의 남중국해가 핵심 지역인 초크 포인트Choke Point임을 재확인한 것이다. 미국은 이후 중국을 체크 리스트 맨위로 올렸다. 실제로 이곳은 2010년대 들어 미중 해양 갈등의 핵심 지역으로 급부상했다. 중국이 인공섬을 만들고 이른바 구단선을 그어 이 일대의 영유권을 주장하기 시작했다. 미국은 항행의 자유와 자유롭고 개방적인 인도태평양 개념을 근거로 강력하게 맞서고 있다.

결국 '피벗 투 아시아Pivot to Asia'는 아시아 전략 재편성으로 이어지고, 아시아 전략 재편성은 인도태평양 개념을 잉태했으며, 이는 다시 쿼드를 낳았으니 이 모든 것이 한곳을 가리킨다. 바로 중국이다. 그리고 이 전략을 더 튼튼히 하기 위해 한미일 3각 블록화는 필수적이다.

캠프 데이비드에 모인 3국 정상은 "우리 공동의 이익과 안보에 영향을 미치는 지역적 도전, 도발, 그리고 위협에 대한 우리의

대만, 싱가포르, 호주의 케이프 요크를 잇는 삼각형 안의 바다로 지금의 남중국해 대부분의 지역. 이곳은 태평양과 인도양을 잇는 해양 교통의 요지다.

대응을 조율하기 위해 서로 신속하게 협의한다"라면서 "모든 영역과 인도태평양 지역과 그 너머에 걸쳐 3국 협력을 확대하고 공동의 목표를 새로운 지평으로 높이기로 약속한다"라며 '캠프 데이비드 정신'을 내놓았다. [173]

이 선언에서 언급된 '지역적 도전'의 영역과 '인도태평양 지역'이 공통으로 가리키는 곳, 그리고 덜레스 전 국무장관이 시도하다 접었던 동북아조약기구가 염두에 둔 곳은 바로 스파이크먼이 주목한 '아시아의 지중해' 남중국해 일대와 정확하게 일치한다.

철 지난 유행이 된
'허브 앤드 스포크'

흔히 미국의 동아시아 전략을 '허브 앤드 스포크Hub and Spoke' 체제라고 한다. 자전거 바퀴를 생각하면 쉽다. 스포크Spoke는 자전거 바퀴살을, 허브Hub는 바퀴살이 모이는 가운데 축을 의미한다. 흔히 물류, 항공 등의 분야에서 거점이 한곳으로 모이고 분산하는 효율적 체제를 설명하는 표현이다.

동아시아 국제 정치에 적용하면 미국을 축으로 한국, 일본 등이 각기 다른 일대일 개별 동맹을 유지하는 체제를 가리킨다. 이 체제에서는 개별 동맹국이 미국과 보다 긴밀한 관계를 갖지만,

이웃의 미국 동맹국과는 직접 연결되지 않는다. 따라서 동맹국들 사이 안보 협력을 할 필요성이 약하다. 즉 한국과 일본이 서로 좋은 관계를 유지하지 않아도 미국하고만 동맹을 강화하면 체제를 보장하는 데 큰 지장을 받지 않는다.

냉전 시기의 패치워크 스타일을 닮은 허브 앤드 스포크 체제는 효율적으로 작동했다. 미국은 다자간 동맹에 비해 훨씬 깊숙이 개별 동맹국에 영향력을 행사할 수 있었다. 허브 앤드 스포크 체제는 특히 미국이 동아시아에서 일본을 주요 동맹 파트너로 삼아 소련과 중국의 공산주의 세력을 견제한다는 샌프란시스코

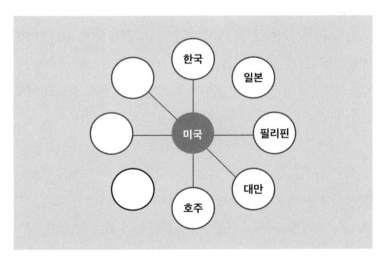

허브 앤드 스포크 구조. 미국의 동아시아 전략은 가운데 축을 중심으로 양자 간 동맹 체제를 구축하는 것이다.

체제의 구체적 실행 전략이라고 할 수 있다. [174]

그런데 미국이 중국 견제를 위한 아시아 재균형 전략을 본격적으로 추진하면서 허브 앤드 스포크는 한계에 직면했다. 기존 체제는 역내의 안보 이슈를 다루는 데 최적화되어 있기 때문에, 유라시아와 인도태평양으로 진출하려는 중국을 봉쇄하기에는 효율적이지 않았다. 중국을 견제하려면 역내 동맹국들의 군사력을 하나로 통합해 운용하는 게 더 효과적이었다.

동맹 네트워크 확대는 미국의 군사 자산을 통합해 규모의 경제를 실현하고 미국의 국방 예산 부담을 감소시킬 수 있다. 그뿐 아니라 일본에 더 많은 재량권을 제공하여 상대적으로 미국의 전략적 부담도 덜게 된다. 나아가 동북아 한미일 3각 구도는 남중국해, 서아시아 등을 거쳐 유럽으로도 확장할 수 있다. 이를 통해 미국은 전 지구적으로 새로운 안보 네트워크를 구축할 수 있다. 결국 냉전 시기에는 첨단을 달리던 허브 앤드 스포크 체제는 이제 몸에도 안 맞고 유행도 지난 올드 패션이 됐다.

그래서 고안된 게 이른바 격자형 안보 틀이다. 람 이매뉴얼 주일 미국대사는 2024년 4월 "지금까지 구축해 온 '허브 앤드 스포크 동맹 구조'는 현 시점에 적합하지 않다"라며 "중대한 전환의 시기를 맞아 '격자형lattice-like 구조'를 구축하고 있다"라고 설명했다. [175]

그가 언급한 '격자형 구조' 전략은 일부 거점 동맹국 중심의 방식을 탈피해 다양한 소그룹별로 헤쳐 모여 중국을 더 촘촘히 견제하는 방식이다. 쿼드와 오커스^{AUKUS}(미국·영국·호주 안보 동맹) 이외에도 한미일, 미·일·필리핀 3국 회의 등이 그것이다.

다만 허브 앤드 스포크 체제는 양자 성격이 크기 때문에 미국이 아무리 원하더라도 상대의 의사를 무시하고 그만두기가 쉽지 않다. 그런데 미국 입장에서는 다행스럽게도 일본과의 이해가 일치했다. 일본도 미국 못지않게 중국을 견제하는 데 진심이다. '전쟁할 수 있는 보통 국가'를 꿈꾸며 아시아에서 다시 영향력을

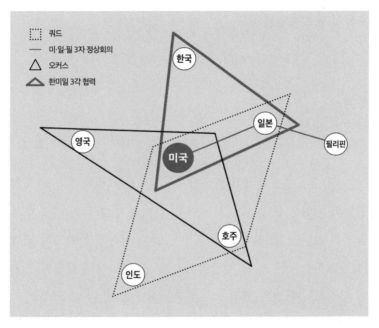

격자형 구조 전략. 일부 거점 동맹국 중심에서 벗어나 목적에 맞는 소그룹별로 다양하게 동맹을 맺는 방식이다.

회복하고 싶은 일본과 그런 일본을 앞세워 아시아에서 군사력을 효율적으로 운용하고 역외 균형을 이루려는 미국의 이해관계가 맞아떨어졌던 것이다. 그러자 미국은 2012년 6월 한미 외교 국방장관 회담 공동선언과 2013년 10월 미일 외교 국방장관 회담 등을 잇따라 열고 한미일 3각 군사 협력을 본격화하기 시작했다.

현재의 명백한 위협과 앞으로 떠오를 잠재적 위협에 북한과 중국을 모두 포함시킴으로써 한미 동맹과 미일 동맹의 목표를 일치시키는 사전 정지작업을 시작한 것이다. [176] 그렇다면 이런 흐름이 한국에도 좋을까.

한국,
부러진 바퀴살 신세

허브 앤드 스포크 체제가 한미일 3각 구도로 재편될 경우 미국과 일본의 이익은 분명하다. 하지만 더 분명한 건 한국의 이익이 분명하지 않다는 점이다. 한국의 기본 안보 전략은 한반도의 평화와 통일이다. 우리나라 입장에서는 전 지구적 세력 균형이나 중국 견제보다 북한의 위협과 북핵에 대응하는 게 더 급선무다. 이를 위해서는 기존의 한미 동맹 체제를 더 단단하게 만드는 것이 가장 효과적이다.

그런데 한미일로 묶인다고 해서 한국의 기본적인 안보 이익이 저절로 보장된다고 확신하기 어렵다. 미일은 명시적으로 중국을 위협으로 규정했지만 한국은 아니다. 이 때문에 우리 의사와 상관없이 미중 갈등에 휘말려 한반도의 지정학적 리스크가 커질 우려가 있다. 동북아 질서가 재편되면서 우리 의사와 무관하게 외교적 재량과 자율성을 제한받을 수 있는 것이다. 집안이 편하지 않은데 대문 밖 동네 일에 참견부터 하면 그게 다시 집안을 어지럽게 만들 수 있다.

게다가 한미일 안보 협력이 아직은 직접적 혜택도 크지 않다. 일반적으로 북한이 한반도 주변을 사정권으로 한 단거리탄도미사일을 쏘면 우리나라 국방부가 일본보다 더 빠르고 정확하게 파악한다. 반면에 장거리인 대륙간탄도미사일(ICBM)을 발사하면 우리 군보다 일본이 더 정확하게 포착한다. 지구는 둥글기 때문에 일본의 서쪽 수평선 너머에 위치한 북한에서 미사일을 발사하면 처음에는 정확히 파악하지 못한다. 북한이 더 높이 쏘아 올려야 더 멀리 떨어진 일본 쪽에서 더 정확한 분석이 가능한 것이다. 결국 북한의 단거리미사일에 대해서는 우리나라가, 대륙을 넘나드는 장거리미사일에 대해서는 일본이 군사적 능력에서 비교우위가 있는 셈이다.

그런데 엄밀히 따지면 ICBM은 한국보다 미국, 일본에 더 위협적이다. 우리에게는 남한 전체를 사정거리로 둔 중단거리탄도

미사일이 더 치명적이다. 북한이 ICBM 도발을 할 경우 우리나라 언론이나 전문가들이 보통 우리보다 미국을 향한 도발이라고 분석하는 것도 이런 맥락이다.[177]

이런 측면에서 한미일 3각 협력이 이뤄지고 북핵 정보를 실시간 공유한다면, 한국에 치명적인 단거리미사일보다 미일에 더 위협적인 ICBM 감시와 대응에 집중될 수밖에 없다. 실제로 2023년 12월 말 북한이 ICBM을 쏘자 바로 한미일 3국은 정식으로 실시간 미사일 경보 정보 공유 체제를 가동했다.

결국 한미일 3각 협력이 고도화될수록 미국과 일본은 큰 도움을 받지만, 우리나라는 이들에 비해 상대적으로 실익이 크지 않다는 주장이 이어지고 있다. 국제정치학자 문정인 교수는 2023년 8월 캠프 데이비드 한미일 정상회의에 대해서 "손익 계산이 눈에 띄게 비대칭적"이라고 지적했다. 그는 "미국은 70년 꿈을 이뤘다는 평가가 나올 정도로 원하는 모든 걸 얻었고 일본도 잃은 건 없이 얻은 게 많다"며 "반면에 한국은 준 것은 많은데 얻은 건 별로 없는 데다가 상당한 안보 위협까지 떠안았다"라고 평가했다.[178]

한미일 3각 공조는 필요하다. 북한이 핵무기를 계속 고집하는 한 한미일이 국제 사회에서 한목소리로 압박하는 건 분명 효과적이다. 그런데 딱 그 정도 수준이다. 김성한 당시 대통령실 안보실장은 2023년 3월 워싱턴 D.C.에서 "한미와 미일은 실선

인데 한일은 점선"이라며 "한미일 안보 협력이 100점짜리가 아
닌 부족한 부분이 존재하다 보니 북한이 이간 전략을 구사할 수
있는 빌미를 줬고 우리 국익과 저촉됐다"라고 설명했다. 맞다.
북한의 도발과 이간질은 그동안 수없이 있었고 한미일의 끈끈한
공조가 어느 정도 북한을 제어해 줄 수 있다. 그런데 딱 그 정도
수준이다. 한미일이 만병통치약은 아니다. 2000년대 초 북미 국
교 수립 직전이나 2018~2019년 북미 정상회담 시절, 북핵 해결
에 근접했던 시기는 정작 한미일 3각 협력과는 큰 관계가 없었다.

　말하자면 한반도에서 한미일은 필요조건이지만 충분조건은
아닌 셈이다. 반면에 미국에게는 한미일 통합이 꼭 필요하다. 그
러니 우리보다 미국이 더 하고 싶어 하는 것이다.

　캠프 데이비드 3국 정상회의 직후 우리 정부는 "3국 협력의
역사는 2023년 8월 18일 이전과 이후로 나뉘게 될 것"이라고 의
미를 부여했다. 이 말은 우리보다 미국이나 일본이 해야 더 어울
리는 게 아닐까. 오히려 이럴 때는 짐짓 "미일 너희들이 그렇게
원하니 내가 통 크게 참여해 줄게"라며 명분을 얻는 전략이 필요
하다. 그게 힘들면 "대신에 참가비 정도는 받아야겠어"라며 실리
라도 챙기는 게 필요하다. 그게 외교다.

5부

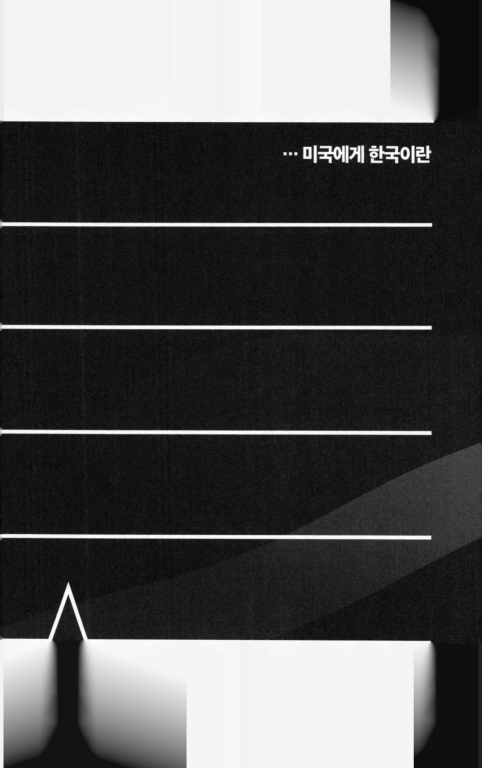

··· 미국에게 한국이란

왜 미국과 싸운 나라 중
지금도 '철천지 원쑤'는
북한뿐일까

서서히,
그러다가 갑자기

어니스트 헤밍웨이의 소설 《태양은 다시 떠오른다》에 등장하는
인물이 어쩌다 파산했느냐는 질문을 받고 이렇게 대답한다. "두
가지 방식이죠. 서서히, 그러다가 갑자기 Two ways. Gradually, then
suddenly." 꼭 파산뿐이겠는가. 국제 관계에서 '서서히, 그러다가
갑자기' 급진전되는 일은 비일비재하다.

미국은 많은 나라와 싸우며 지금의 슈퍼파워 자리에 올랐다.

1775년 영국을 시작으로 스페인, 멕시코, 독일, 일본, 북한, 중국, 베트남, 파나마, 이라크, 아프가니스탄 등 미국과 싸운 나라가 사열종대 앉아 번호로 연병장 두 바퀴까지는 아니더라도 한 다스는 족히 된다. 그런데 미국과 직접 총부리를 겨눈 나라들 대부분은 미국과 우호 관계로 발전했다. 단 예외가 있다. 지금까지 적대 관계를 유지하는 곳은 사실상 북한이 유일하다.

실제로 독립을 놓고 전쟁을 했던 영국, 쿠바를 놓고 전쟁을 벌인 스페인, 1, 2차 세계대전에서 제대로 붙은 독일 등은 미국과 나토로 묶인 동맹 관계가 됐다. 일본이 하와이 진주만을 공습하고 미국이 세계 최초로 일본 땅에 원자폭탄을 떨어트리며 싸운 게 불과 80여 년 전인데, 지금은 미일 동맹이 지구 밖 우주까지 뻗어 가며 물아일체의 경지에 이르고 있다. [179]

그런데 왜 북미 관계만 여전히 적대적일까. 혹시 다른 나라들은 미국과 오래전에 싸워서 적대감이 희미해진 것일까. 아니면 참패의 경험이 깊이 각인돼 아예 미국 편으로 돌아서 버린 것일까. 그렇다면 냉전 이후로 좁혀 보자.

50여 년 전 베트남은 미국을 상대로 한 전쟁에서 이겼지만 지금은 미국 대통령이 방문하기도 하며 정식 수교국이 됐다. 한국전쟁 때 한반도에서 대리전을 펼쳤고 여전히 정전협정의 당사자인 중국은 미국과 국교를 맺은 지 40년이 넘는다. 패권 갈등을 벌이고 있어도 양국은 엄연히 국교를 맺은 정상적인 관계로 대놓고 적국은 아닌 셈이다.

그렇다면 미국과 불편하거나 적대적인 반미 성향 국가는 어떨까. 러시아는 우크라이나 전쟁 이후 급속히 사이가 악화됐지만 냉전 이후 이 정도로 나쁘지는 않았다. '악의 축'으로 불렸던 이란은 1979년 이슬람 혁명 이전까지는 미국의 무기를 수입하던 중동의 대표적 친미 국가였다. 닉슨 대통령은 중동에서 미국의 군사적 대리인으로 이란을 선택했을 정도다. '미국의 역린' 쿠바도 2015년 오바마 행정부 시절 54년 만에 국교를 정상화하기로 약속한 국가다. 그런데 "오바마가 아니면 뭐든지" 기조를 내세운 트럼프 정부가 들어선 뒤 이 약속을 전면 보류하고 쿠바를 테러 지원국으로 지정해 다시 관계가 틀어지기는 했다.

어쨌든 이들은 미국과 사이가 좋을 때도 나쁠 때도 있었다. 북한처럼 일관되게 적대 관계는 아니었다. 무엇보다 미국과 직접 전쟁을 벌인 경험이 없다.

결국 미국과 전쟁을 한 경험이 있으면서도, 지금까지 '완전하고 검증 가능하며 되돌릴 수 없는' 적대 관계를 유지하는 건 북한뿐이다. 한국전쟁의 주요 참가자인 중국도, 배후 지원 소련도 그동안 서서히 그러다가 갑자기 관계가 변화해 왔는데, 유독 북한만 여전히 미국과 '철천지 원쑤' 사이를 유지하고 있는 셈이다.

잊히고 있는
'잊힌 전쟁' 상대

왜 북미 관계만 예외적 법칙이 적용되는 것인가. 아무래도 전쟁의 성격 때문에 화해가 늦어진다고 생각할 수 있겠다.

1950년 한국전쟁은 냉전의 서막이란 의미가 크다. 북미가 싸웠던 한반도는 2차 세계대전 이후 본격적으로 시작된 냉전의 약한 고리였다. 자유 진영과 공산 진영의 패권 다툼이 고조되면서 양 진영의 갈등은 물리적인 폭력으로 분출할 수밖에 없었는데, 시기적으로나 지리적으로나 한반도만큼 적당한 곳이 없었던 셈이다. 그런데 미소 양 진영이 대결했음에도 승자가 분명하지 않았다. 한쪽의 승리로 끝나지 않은 전쟁은 어정쩡한 휴전 상태로 봉합됐다.

이 때문에 미국에서는 한국전쟁을 흔히 '잊힌 전쟁Forgotten War'으로 부른다. 2차 세계대전 직후 벌어진 국지전인 데다 베트남전, 이라크전에 비해 전쟁 기간도 짧아 미국 내의 관심도 상대적으로 크지 않다.

어쨌든 전쟁이 무승부로 끝나면서 한반도는 미국의 핵우산과 소련의 철의 장막이 직접 대면하는 최전선의 하나로 수십 년간 긴장을 유지해 왔다. 북미 관계는 냉전의 지정학이 순도 99퍼센트급으로 농축됐고, 이를 희석시키는 데 오랜 시간이 필요했던 것이다.

베트남 전쟁의 경우 한국전쟁과 마찬가지로 이념 전쟁의 성격이 있지만, 사실 냉전과 직접적 연관이 약한 민족주의 독립전쟁 성격이 강했다. 케넌은 베트남전에 대해 "모스크바는 당시 베트남에서 권력을 잡으려 한 호치민과 거의 관계가 없었다"라며 "호치민은 본래 민족주의자였으며 비록 공산주의 이데올로기를 수사적으로 활용하기는 했지만 공산주의 세계와 미국 사이 일정한 균형을 유지할 수 있다면 기꺼이 반겼을 것"이라고 밝혔다. [180]

이를 모를 리 없는 미국은 자유주의 패권 추구 때문에 베트남전의 늪에 빠졌다. 당시 딘 러스크 국무장관은 전쟁의 정당성을 주장했지만, 베트남은 지정학적으로도 자유 진영과 공산 진영이 물러설 수 없는 교두보라고 하기에는 전략적 중요성이 크지 않았다. 미국과 베트남이 직접 전쟁을 치르고도 오래 걸리지 않아 관계가 복원된 것은 베트남전이 냉전의 대리전이 아니었기 때문이다.

그렇다면 1990년대 초 소련이 붕괴하고 냉전이 막을 내린 이후에는 왜 북미가 화해하지 못하고 '철천지 원쑤'를 이어 갔을까. 둘 사이를 가로막던 장애물이 사라졌는데도 말이다. 돌이켜 보면 기회가 없었던 것은 아니다.

20년마다 가까워지는
공전 주기

2018년 3월 9일. 주말을 앞두고 마음도 가벼운 금요일 아침 7시 청와대 기자실이 갑자기 술렁였다. "백악관 곧 중대 발표"라는 미국발 속보가 떴기 때문이다. 청와대 관계자들에게 부리나케 전화를 돌렸지만 돌아온 대답은 "글쎄, 들은 게 없는데…"라는 것이었다.

알고 보니 당시 트럼프 대통령이 백악관 기자실에 직접 들러 "한국이 곧 중대 발표를 할 것"이라고 깜짝 발언을 한 것이었다. 미국은 목요일 저녁 시간. 퇴근하려 짐을 싸던 백악관 출입기자들은 다시 노트북을 꺼냈다.

곧 정의용 당시 청와대 안보실장이 백악관 앞 잔디밭에 모습을 드러냈고 다음과 같은 발표를 했다. "트럼프 대통령이 김정은 위원장을 5월 안에 만나겠다는 의사를 밝혔다." 이후 트럼프는 "우리의 만남을 기대하라"는 트윗을 날리기도 했다. 1년 넘게 이어지던 정신없는 나날은 그렇게 시작됐다. 20여 년 만에 다시 북한과 미국이 가장 근접하는 주기의 시작이었다.

북미 관계는 마치 서로 다른 주기로 공전하는 행성과 같다. 각자 크기가 다른 타원형의 궤도를 돌다 보니 만날 기회 자체가 굉장히 드물다. 견우와 직녀가 만나는 것보다, 화성에서 온 남자와 금성에서 온 여자가 만나는 것보다 북미가 진지하게 마주 앉는 게 훨씬 더 어려웠다. 미국이 우호적일 때 북한이 마음을 닫거나, 반대로 북한이 마음을 열 준비가 됐을 때 미국은 관심 없는 식이다. 이 주기는 냉전이 끝난 후 대략 20년에 한 번꼴이다. 가장 최근은 앞서 말한 2018~2019년의 북미 정상회담 시기이고, 그 직전은 2000년대 초반까지 거슬러 올라간다.

왜 북미는 20년 주기로 가까워졌는가. 여러 원인이 있겠지만 주목할 만한 것은 한미 정부의 성향이 엇박자가 난 탓이 크다. 우리 정부가 진보 성향이면 미국에서는 보수인 공화당이 정권을 잡았고, 반대로 한국에서 보수 정부가 들어서면 미국은 진보인 민주당으로 정권이 넘어갔다.

북핵 문제는 1990년대 초반 탈냉전 흐름 속에서 시작됐다. 마침 1993년 한국과 미국에서 김영삼-클린턴 정부가 나란히 출범했는데, 북핵 문제와 관계 정상화가 본격적으로 한미 동맹의 주요 의제로 부상했다. 이후 한국에서는 김대중, 노무현, 이명박, 박근혜, 문재인, 윤석열 대통령까지 여섯 명이 등장했고, 미국에서는 부시, 오바마, 트럼프, 바이든까지 네 명의 정권이 들어설 때까지 이 문제는 여전히 한미 관계의 현안이 됐다.

그런데 30여 년간 한미 정권의 정치 성향이 겹치는 건 4년 5개월에 불과하다. 무려 26년 이상 진보와 보수가 엇갈리며 디커플링이 진행됐다. 최소한 2024년 11월 미국 대선까지는 윤석

한미 간 정부 성향 디커플링

한국						
1993년	1998년	2003년	2008년	2013년	2017년	2022년~
김영삼	김대중	노무현	이명박	박근혜	문재인	윤석열

클린턴	부시	오바마	트럼프	바이든
1993년	2001년	2009년	2017년	2021년~
미국

한미 간 정부 성향 엇박자 흐름. 30여 년간 한미 정권의 정치 성향이 겹치는 건 4년 5개월에 불과하고 26년 이상 진보와 보수가 엇갈리며 디커플링이 진행됐다.

열-바이든 정부의 보수와 진보의 엇박자가 이어진다.

이 기간 동안 한국의 진보 정권 집권 기간은 김대중-노무현-문재인 정부 15년, 보수 정권은 김영삼-이명박-박근혜 정부 14년(박근혜 정부는 대통령 탄핵으로 임기가 1년 정도 단축됐다)을 기록한다. 2024년 6월 현재 윤석열 정부도 집권 2년이 넘었기 때문에 보수 정부 기간이 1년 정도 길어졌다. 반면에 미국에서는 클린턴-오바마-바이든으로 이어지는 민주당 정부 20년, 부시-트럼프 공화당 정부 12년으로 진보 정부의 기간이 8년 더 길다.

눈에 띄는 것은 20년 주기로 찾아온 북미 관계의 최근접 시기가 한 번은 한미 정권의 성향이 맞을 때, 다른 한 번은 성향이 다를 때였다는 점이다. 즉 김대중-클린턴 정부 시기의 진보 코드가 맞을 때, 다른 한 번은 문재인-트럼프 정권의 엇박자 시절이다.

북미 관계의
첫 번째 화양연화

첫 번째 근접 주기는 1998~2000년이다. 김대중 정권 전반기이 자 클린턴 집권 2기의 후반기와 겹친다. 처음으로 한미 모두 진보 정권이 들어서며 코드가 맞았는데, 이는 북미 관계에도 영향을 미쳤다. 남북 관계가 순풍을 타더니 2000년 6월 첫 남북 정상 회담이 성사됐다.

북미 관계도 급진전됐다. 2000년 10월 김정일의 최측근이자 군부를 대표하는 실력자인 조명록 국방위원회 제1부위원장이 워싱턴에 갔다. 조명록은 백악관을 방문한 첫 북한 고위급 인사 였다. 곧바로 올브라이트 미 국무장관이 평양을 답방했다. 클린 턴의 평양 방문을 위한 사전 답사였다.

김정일과 올브라이트는 주석단에 앉아 10만 명이 동원된 대 규모 카드섹션 공연을 관람했다. 대포동 미사일이 날아가는 장 면이 연출되자 김정일이 올브라이트에게 이렇게 말했다. "이것 이 첫 번째 위성 발사이자 마지막일 것입니다."[181]

이때는 김대중-클린턴 정부의 원활한 한미 관계가 우리 정부

의 대북 정책에 자율성을 넓혀 주고, 이에 따른 남북 관계 진전
이 북미 관계 개선으로 이어지는 선순환의 시기였다. 김대중 정
부의 햇볕정책이 북한의 점진적 개혁 개방을 유도하려는 클린턴
정부의 대북 포용 정책과 궤를 같이하며 멀어지던 북한의 궤도
를 강하게 끌어당겼다.

하지만 무르익던 관계는 2000년 미국 대선에서 부시 대통령
이 플로리다 재검표까지 가는 접전 끝에 승리하면서 급변했다.
그 이후는 모두가 아는 대로다. 미국과의 관계 정상화에 기대가
부풀어 있던 북한은 갑자기 '악의 축'으로 전락했다. 북미가 서로
총부리를 겨눈 뒤 50년 만에 적대 관계를 청산할 기회를 맞이했
지만, 두 나라는 짧은 시간 옷깃만 스치고 기약도 없이 다시 각자
의 머나먼 공전 궤도로 돌아간 셈이다. 클린턴은 훗날 "나한테 1
년만 더 있었다면 한반도의 운명이 달라졌을 것"이라고 아쉬워
했다. [182]

사실 여기까지 오기 전에도 기회가 없지는 않았다. 냉전 직후
부터 1990년대 내내 북미의 탐색전과 물밑 대화도 시도됐다. 북
한은 든든한 버팀목이던 소련이 망하고 믿음직스럽지는 않지만
어쨌든 우방인 중국이 미국 편에서 경제 성장에 집중하자 갑자
기 고립무원의 신세가 됐다. 그러자 체제 보장을 위해 핵무기 프
로그램에 손을 댔고, 이를 계기로 1994년 북미 제네바 합의가 나
왔다. 김영삼-김일성 첫 남북 정상회담이 성사 직전까지 가기도

했다. 그러나 김일성이 갑자기 사망하고 북한 내부 권력 이양 문제가 불거지면서 기회를 놓쳐 버렸다.

도깨비처럼 찾아온
리즈 시절

북한과 미국의 거리가 다시 가까워진 것은 그로부터 20여 년후, 앞서 말한 대로 백악관에서 북미 정상회담이 깜짝 발표되던 2018년부터 2019년 상반기까지다. 마치 4년 임기의 미국 정부와 5년 단임의 한국 정부가 최소공배수를 맞추듯 공교롭게 20여 년 만에 기회가 왔다. 북미 정상이 만나기 직전 무산된 1차 시기와 달리 이번에는 실제 만남이 세 번이나 성사됐다.

흥미로운 점은 한미 간 진보-보수의 성향 차이가 낮음에도 북미 관계 개선의 기회가 왔다는 점이다. 30여 년 중 26년이나 되는 디커플링 기간으로 기대치가 낮을 수밖에 없었는데, 가장 극적인 흐름이 만들어진 것이다.

따라서 당시 미국의 대북 접근법은 전통적인 미국 방식에서 탈피한 트럼프의 개인적 특성을 살펴봐야 한다. 북미 관계는 그동안 낮은 단계부터 계단을 밟아 올라가는 바텀업Bottom Up 스타일이 일반적이었다. 시간이 많이 드는 귀납적 방식이다. 그런데 트럼프는 가장 높은 정상 단위에서 문제를 해결하는 톱다운Top Down 스타일을 구사했다. 기존 북미 관계에서는 한 번도 사용하지 못한 방식이다. 전격적인 북미 정상회담은 톱다운 방식의 대표적 성과로 볼 수 있다. 당시 청와대 측은 지나치게 기대를 한 나머지 "고르디우스의 매듭을 끊듯 일괄 타결될 수 있다"라는 바람을 내놓기도 했다(이 말을 공개적으로 언급한 청와대 대변인은 자신의 발언 때문에 두고두고 발목이 잡히기도 했다).

트럼프는 기존의 미국 대통령들과 달리 북한 이슈를 우선순위로 끌어올렸다. 역대 미국 대통령의 리스트에서 북한은 늘 뒷전이었다. 백악관 오벌오피스 책상에 미국 대통령의 투 두 리스트To Do List가 놓여 있다면 중국, 유럽, 러시아, 중동, 이란 등으로 이어졌고, 북한은 맨 아래나 페이지를 넘겨야 나오는 수준이었다.

북미 관계에서 북한은 철저히 '을'의 위치에 있다. 이 때문에 북한의 위시 리스트Wish List 맨 위에는 미국의 관심 끌기가 적혀 있다. 핵을 실험하고 ICBM 미사일을 쏴 대는 것도 미국의 관심을 붙잡아 궁극적으로 체제 보장을 이루려는 목적이다. 마침 이런 상황에서 트럼프는 여느 미국 대통령과 달리 북한에 관심을 보였고, 20여 년 만에 다시 북미의 공전 궤도가 가장 근접 거리에 이르렀다.

한미 정부의 디커플링 기간에 북미 관계의 돌파구가 생긴 데는 트럼프가 북한과 비핵화 협상을 대통령 재선을 위한 카드로

President Donald J. Trump receives a letter from North Korean Leader Kim Jung Un delivered by North Korean envoy Kim Yong-chol in the Oval Office, 2018.

트럼프는 북한 김정은 특사로 워싱턴을 방문한 김영철과 만나는 사진을 백악관에 전시했다.

출처: 직접 촬영

생각했다는 분석도 있다. 트럼프는 1기 집권 기간 내내 러시아 스캔들이나 반이민 정책, 혐오와 갈라치기 정치 스타일 등으로 재선 여부가 불투명하다는 전망이 나왔다. 그러자 이를 돌파할 승부수로 외교 성과를 물색했고 마침 북한이 눈에 들어왔다는 것이다.

다시 말해서 북한 비핵화와 북미 관계 개선에서 눈에 띄는 성과를 끌어내고 한반도 주변의 평화 정착에 기여한다면 노벨평화상을 받을 가능성이 커질 테고, 이러한 외교적 성과는 2020년 대선에서 재선 가능성을 높일 수 있다고 분석했다. [183]

실제로 트럼프는 잊을 만하면 스스로 노벨평화상을 받을 자격이 충분하다고 말해 왔고, 심지어 아베 당시 일본 총리에게 자신을 후보로 추천해 달라고 요청한 사실이 뒤늦게 드러나기도 했다. [184] 이 때문에 북한 비핵화 성과를 재선 도전에 적극 활용하기 위해 비핵화 시한을 차기 대선인 2020년 11월 이내로 맞췄다는 주장도 있다. [185]

하지만 그 이후는 모두가 아는 대로다. 북미는 싱가포르와 베트남에서 두 번 만나고 판문점에서도 만났지만 사실상 그것으로 끝이었다. 미국은 다시 북한에 대한 관심을 거둬들였고, 북한은 그럴수록 핵과 미사일 능력을 키우는 데 온 힘을 집중했다. 다시 짧은 시간 스친 북미는 이번에는 다를 것이란 기대감을 키웠지만 서로의 입장 차를 줄이지 못한 채 각자의 머나먼 공전 궤도로 돌아갔다.

지난 30년간 북핵 문제나 북미 관계는 수축과 이완의 무한 루프였다. 외연을 확장하는 듯했지만 알고 보면 더 큰 원을 그릴 뿐이었다. 결국 지난 30년간 75퍼센트나 되는 한미 정권의 성향 엇박자가 해법 도출을 어렵게 만든 원인 중 하나라고 볼 수밖에 없다.

한반도 평화는 단순히 남북 관계 북미 관계만 좋다고 해결되지 않는다. 먼저 한미 간 밀접한 조율이 있어야 한다. 한미가 서로 북한에 다른 이야기를 하는 것 자체가 평화 프로세스의 속도를 더디게 하고 북한에는 좋지 않은 신호로 읽힌다. 그렇다고 해서 미국의 뜻대로만 할 수는 없다. 우리가 미국을 압도할 수 있을 만큼 여러 아이디어를 치밀하게 준비하고 있어야 한다. [186]

1993년의 미국은 핵 없는 북한을 마주했지만 30년 후의 미국은 사실상 핵을 쥔 북한을 상대해야 한다. 공전 주기가 다시 겹치는 시기는 서서히 다가올 수 있다. 그러나 그동안 놓친 기회 때문에 더 벌어진 '철천지 원쑤' 관계가 갑자기 "고르디우스의 매듭 끊듯" 해소되기는 더 힘들어졌다.

왜 미국은
일본 대신 한반도 분단을
선택했을까

"결정을 존중한다" 대
"강력히 지지한다"

2024년 2월 14일 밤 10시가 넘은 시간, 한국 외교부는 쿠바와 정식 국교를 맺었다고 깜짝 발표했다. 20년 넘게 쿠바와 수교하기 위해 공들여 왔으니 한국 외교사의 큰 성과였음에도 별다른 예고 없이 한밤중에 전격 발표됐다. 쿠바가 '북한의 형제국'인 만큼 북한의 반발과 방해를 우려해 007 작전 하듯 해치웠다는 분석이 나왔다. 미국에도 불과 12시간 전에야 이 사실을 알렸다.

다음 날 미국이 공식 반응을 내놓았다. 미 국무부 대변인은 "자국 외교 관계의 성격을 결정할 한국의 주권적 권리를 존중한다"라고 밝혔다. 유엔이 "환영한다"는 표현을 쓴 것과 비교하면 상당히 건조한 반응이다. "주권적 결정을 존중한다"는 표현은 ① 특별히 반대하지 않는다 ② 환영하지 않는다 ③ 유감스럽게 생각한다, 셋 중 하나일 때가 많다. [187] 어떤 것이든 미국의 불편한 마음이 공통으로 깔려 있는 것이다.

같은 날 이번에는 북한에서 눈에 띄는 반응이 나왔다. 대외적으로 북한의 입장을 여과 없이 전달하는 김여정 북한 노동당 부부장이 "일본과 얼마든지 새로운 미래를 함께 열어 나갈 수 있다"라고 밝혔다. 앞서 일본 기시다 후미오 총리가 북일 물밑 접촉을 시사할 때도 잠잠하던 북한이 한국과 쿠바가 전격 수교를 발표한 지 하루 만에 사실상 북일 수교 가능성으로 맞불을 놓은 셈이다.

그러자 다음 날 미국이 공식 반응을 내놓았다. 정 박 미국 국무부 동아시아태평양 담당 부차관보가 "일본을 매우 강력하게 지지한다"라고 밝혔다. 외교적 수사 측면에서 "주권적 결정을 존중한다"라는 말과 비교하면 그 격차가 엄청나다.

두 사례를 단순 비교하기는 힘들지만, 미국과 껄끄러운 관계에 있는 나라와 미국의 동맹국들이 각각 관계 개선을 시도한다는 의미에서 비슷한 면이 있다. 그런데 미국은 한국과 쿠바의 국교 정상화에 썩 내키지 않는 반응을 보이더니 북한과 일본의 움직임은 적극 지지하는 입장을 보였다. 누가 봐도 확연한 차이가 느껴진다.

2차 세계대전 이후 아시아에서 미국의 가장 중요한 동맹은 단연코 일본이다. 미국은 우방국에도 등급을 나누는데 일본은 유럽의 영국, 중동의 이스라엘, 북미의 캐나다, 태평양의 호주와 같은 최상급이다. 말하자면 일본은 미국 글로벌 동맹의 센터 라인이자 아시아 거점인데, 이 지위에서 내려온 적이 한 번도 없었다.

왜 미국은 일본에 친절할까. 일본은 세계 전쟁을 일으킨 침략국이자 간 크게도 미국과 한판 붙겠다며 하와이를 공습했다. 이 때문에 세계 최초로 원자폭탄까지 얻어맞았다. 그런데도 80년 가까이 미국의 '베프'가 될 수 있었던 것은 지정학을 빼놓고는 설명할 수 없다.

미국은 2차 세계대전을 승리로 이끌고 유사 이래 전무후무한 슈퍼파워로 우뚝 섰지만, 여유와 평화를 만끽했던 시간은 길지 않았다. 바로 한 번도 경험하지 못한 새로운 적과 맞닥뜨렸다. 거대 제국 소련의 등장이다. 동유럽부터 극동 아시아까지 광활한 땅을 차지한 소련은 유럽이나 아시아 어느 쪽으로든 세력을 확장하기 용이했다. 반대로 미국 입장에서는 두 곳 모두에서 소련의 팽창을 막아야 할 부담이 생겼다.

아무리 미국이라도 혼자서는 힘에 부치니 양쪽에서 도와줄

나라가 필요했다. 그래서 선택된 두 나라가 공교롭게도 유럽의
독일, 아시아의 일본이다. 독일과 일본은 전범국으로서 전쟁을
일으킨 책임을 지는 대신에 각각 유럽과 아시아에서 소련의 팽
창을 막는 방파제로서 재탄생한다.

소련, 일본을 파괴하러 온
일본의 구원자

미국 입장에서 일본이 지정학적으로 중요하다는 주장의 뿌리는
깊다. 일본이 아시아를 차례로 점령하며 제국주의 팽창에 한창
열을 올리던 1930년대까지 거슬러 올라간다. 당시 미국 안에서
는 일본에 대해 양가감정이 있었다.

일본은 조만간 미국의 주적이 될 정도로 현실적 위협이었다.
그래서 머지않아 반드시 꺾어 놓아야 할 적대 세력이 분명했다.
그렇다고 재기 불가능할 정도로 확증 파괴를 해야 할 대상이냐
하면 그건 지나치다는 여론이 공존했다. 일본은 당시 미국에 위
협 세력이었으나 앞으로 더 큰 위협이 될 소련을 막기 위해 곧 일
으켜 세워야 하는 존재였다.

미국의 외교관인 존 V. A. 맥머리는 자신의 비망록(1935년)에서
이렇게 말했다. "일본을 제거할 수 있다 해도 극동이나 세계에

축복이 되지는 못할 것이다. 일본이 제거되더라도 새로운 골칫거리들이 생겨날 테고, (동양의 정복을 꿈꾸는 경쟁자로서) 일본 대신에 제정 러시아의 계승자인 소련이 등장할 것이다."[188]

스파이크먼도 일본이 장차 미국의 중요한 방파제 역할을 할 것으로 예측했다. 1941년 12월 7일 일본이 진주만을 기습하고 바로 다음 날 미국은 일본에 선전포고를 했다. 그해 말 스파이크먼은 미국 지리학회 정치학회 합동회의서 〈프런티어, 안보 그리고 국제 조직〉이란 논문을 발표했다. 미국은 전쟁이 끝나면 바로 소련을 견제해야 하고, 이를 위해서는 일본, 독일과 동맹을 결성해야 한다는 것이 골자였다. 참석자들은 웅성거리며 귀를 의심했다.[189] 진주만 기습으로 일본에 대한 분노가 극에 달했고 2차 세계대전에 발을 담근 지 얼마 되지도 않았는데 주적 일본을 껴안아야 한다고 주장한 것이었다. 아무리 당장은 아니고 전쟁에서 이긴 뒤라는 전제를 달아도 이적 행위 아니면 사이비 학자 취급을 받기 십상이었다.

그런데 1945년 전쟁이 끝나자 실제로 미국에서는 소련의 급부상에 대한 불안이 급격히 커졌다. 그러자 현실과 동떨어진 황당한 소리 정도로 취급받았던 맥머리나 스파이크먼의 주장이 뒤늦게 관심을 받았다. 미국이 전후 국제 질서를 조각하며 참고한 중요한 이론적 배경으로 재평가받게 된 셈이었다.

결국 소련이 등장하면서 일본은 구사일생한다. 전범국으로서 원자폭탄까지 맞고 만신창이가 된 일본이 다시는 세상을 어지럽히지 못하게 군사적으로 거세당하기 직전, 미국이 구원의 손길을 내민 것이었다. 어찌 보면 소련의 급부상과 이에 대한 미국의 과도한 우려가 일본 영토에 대한 인수분해를 막아 준 것이었다. 소련은 일본을 파괴하러 온 일본의 구원자인 셈이다.

미국, 확신범 독일과
일본은 다르다?

미국 주도의 연합국이 2차 세계대전의 승기를 잡자 전후 처리를 어떻게 할지가 현안으로 떠올랐다. 연합국은 골칫덩이 독일과 일본이 다시는 전쟁을 일으킬 생각조차 하지 못하도록 철저히 힘을 빼놓을 작정이었다. 우선 1945년 2월 얄타회담을 통해 독일은 동서로 나뉘고 수도 베를린도 사분할되어 승전국인 미국, 영국, 프랑스, 소련의 점령지가 됐다.

일본의 무조건 항복을 받아 낸 맥아더는 일본을 영구 비무장 중립국으로 만들 생각이 강했다. 연합군도 일본을 독일처럼 분할하려는 구상을 했다. 1945년 8월 13일 미 국무부가 작성한 '종전 이후 일본 점령을 위한 국가별 무력 구성National Composition of Forces to Occupy Japan, SWNCC 70/5'에 따르면, 미국이 본섬 혼슈의 중부인 간토 지역을 점령하고 소련은 홋카이도와 동북 지방을, 영국은 규슈와 혼슈 남부, 중국은 시코쿠를 각각 점령해 통치하는 분할 점령안을 기획했다. 수도 도쿄는 미·영·중·소 4개국이 공동 점령하는 것이었다. 그 실행은 9월 이후 연합군이 일본 본토를 상륙 점령하면서 이루어질 예정이었다. [190]

그런데 미국이 갑자기 이 계획을 철회하면서 일본 영토 분할은 없던 일이 됐다. 독일에 비하면 대단한 특혜를 받은 셈이었다. 미국은 왜 계획을 바꿨을까.

우선 독일과 일본을 다른 잣대로 봤기 때문이다. 둘 다 전범국임에도 독일이 확신범이라면 일본은 정상 참작이 가능한 공동 정범으로 바라본 측면이 있다. 독일은 1871 프랑크푸르트조약으로 통일한 후 1945년 2차 세계대전이 끝날 때까지 끊임없이 역내 긴장을 유발한 문제아였다. 하지만 일본은 서구 열강의 주목도가 떨어지는 아시아가 주 무대였기에 미국의 관심을 받기까지 시간이 더 걸렸던 셈이다.

무엇보다 유럽에서 독일의 역할과 아시아에서 일본의 역할이 달랐다. 미국은 이미 유럽에 영국이란 든든한 파트너가 건재했다. 독일에게 점령당해 수모를 겪었지만 프랑스도 있었다. 러시아가 서유럽으로 밀고 들어온다 해도 미국의 앞줄에서 막아 줄 프런트 라인이 존재하는 것이다.

반면에 아시아에서는 소련의 팽창을 막아 줄 변변한 세력이 일본 말고는 전무했다. 당시 장제스의 중국은 대만에 갇혔고, 대륙을 차지한 마오쩌둥은 미지의 존재였다. 이 때문에 미국은 일본을 승전국끼리 나눠 분할하지 않고 혼자 점령해 동아시아에서 장기적인 영향력을 행사하는 전초 기지로 삼기로 계획을 바꾼 것이었다. 일본을 비무장 중립국화하는 것은 소련의 코앞에 미군이 주둔할 수 없다는 뜻이고, 이는 소련만 좋은 일을 시켜 준다는 생각이 커졌기 때문이다.

38도선

일본군의 항복을 받기 위해
미국과 소련이
한반도로 들어오는 경계선

한반도 분단이 처음부터 계획에 따라 이루어진 것은 아니다. 미국은 한국 독립을 명시한 카이로회담을 지지했기 때문이다.

케넌은 "1949년 말과 1950년 초반 미국에서는 일본의 비무장화를 좌시하면 안 되고 앞으로도 계속 일본에 군대를 주둔시켜야 한다는 정서가 커졌다"라며 "미국은 이미 모스크바가 새로운 세계 전쟁을 일으키기로 마음먹고 있다는 판단을 굳히고 있었기 때문에, 이에 맞서려면 군사 전진 기지로 일본이 필요했다"라고 설명했다.[191]

그런데 일본에 더 큰 축복이 있었으니, 바로 옆에 한반도가 존재한다는 사실이었다. 일본은 자신의 지정학적 가치를 배가시키는 데 한반도의 상황을 철저히 활용했다. 한반도가 미소 갈등이 촉발되는 핫 플레이스로 주목받도록 여건을 조성한 뒤 그 대가로 일본 국토를 보존받게 됐다. 정작 전범국으로서 책임을 져야 할 일본은 대사면을 받고, 엉뚱하게도 일제 식민 지배에서 갓 벗어난 한반도가 분단되는 상황에 몰렸다.

미국과 소련이 처음부터 한반도 분단을 계획했다고 보기는 힘들다. 미국은 2차 세계대전 막바지에도 한국의 독립을 명시한 카이로회담을 지지하는 입장을 유지했기 때문이다. 더구나 앞서 언급했듯이 연합국들은 일본 열도를 분할할 계획까지 마련해 놓은 상태였다. 결국 미국이 갑자기 입장을 바꾸면서 일본 대신 한국에 불똥이 튄 것이다.

미소 경쟁 틈바구니를
역이용한 일본

일본이 구사일생한 것은 전적으로 지정학적 위치가 만들어 준 축복이라 해도 무방하다. 일본은 극동의 끝자락에 위치한 시파워Sea Power로서 아시아 근해든 대륙이든 팽창하기 용이했다. 동시에 랜드파워Land Power인 소련의 팽창을 저지하는 길목에 있었다.

1945년 즈음 일본은 이미 패배를 예상했다. 패배 자체를 되돌릴 수는 없지만 언제 패배할지는 선택할 수 있었다. 비밀리에 종전 전략 수립을 담당한 해군 소장 다카기 소키치는 1945년 3월 당시의 상황을 종합해 종전 전략에 관한 중간 보고서 초안을 작성했다.

미국은 아시아에서 혼자 영향력을 행사하기를 바라지만 소련은 당연히 이를 반대했다. 만약 미국이 혼자 소련에 대응할 수 없다고 판단한다면 주변의 조력자를 찾을 수밖에 없었다. 자연스럽게 방파제로서 일본의 역할을 깨닫게 될 테고, 이 길만이 일본이 미국의 지원을 받아 다시 아시아에서 지위를 확보할 수 있는 전략이라고 분석했다. 이를 위해 일본은 반드시 소련이 먼저 만주와 한반도에 들어온 이후에 항복해야 한다고 판단했다. [192]

만약 미국이 먼저 한반도를 차지하면 한반도가 소련을 막는 방파제 역할을 하게 된다. 그렇게 되면 일본은 예정대로 분할될 가능성이 커진다. 그런데 소련이 먼저 한반도를 장악하면 미국으로서는 완충지대가 사라지니 손해일 수밖에 없다.

일본은 이 사실을 간파했다. 그전까지는 한반도의 지정학적 위치를 간과하던 미국에게 '이러다 큰일 나겠다'는 인식을 심어주는 것이 급선무였다. 소련이 미국보다 하루라도 빨리 한반도에 들어오게 해서 미국에 자릿세를 청구하도록 만들어야 했다. 그래서 일본은 전쟁 막판 한반도 북부보다는 제주도 방어에 집중했다. 일본은 소련이 밀고 내려오는 것을 뻔히 알면서도 중국 내 병력 100만 명 규모를 만주로 이동시키지 않았다. 소련은 일본의 이러한 전략에 오히려 의아해했다. 결국 소련군은 일본군으로부터 이렇다 할 저항도 받지 않고 한반도와 사할린, 쿠릴 열도로 진군했다. 당시 일본은 한반도 주둔 부대에 소련군이 1리 전진하면 2리 퇴각하라고 명령했다. [193]

이후는 우리가 아는 대로다. 소련이 한반도로 파죽지세로 내려오자 깜짝 놀란 미국은 내셔널지오그래픽 벽지도를 펼쳐 놓고 한반도 가운데에 부랴부랴 선을 그었다. 1945년 8월 13일 트루먼이 이를 승인했다. 일본이 무조건 항복 선언을 하기 이틀 전 한반도가 먼저 분단됐다. 미국과 소련이 한반도를 분할 점령하도록 유도하는 일본의 '가스라이팅' 전략이 먹힌 것이다.

일본의 계략은 소련에도 나쁘지 않은 카드였다. 스탈린은 당초 계획대로 일본을 분할해 홋카이도 등을 달라고 미국에 요구했다. 그런데 트루먼이 이를 거부하는 대신 한반도 허리춤인 38선을 기점으로 절반씩 나누자고 제안했다. 소련 입장에서는 섬인 홋카이도보다 소련 본토와 육로로 이어지는 북한이 훨씬 매력적이었다.

당시 아시아에서 소련의 최우선 과제는 태평양 진출을 위해 겨울에도 얼지 않는 항구를 확보하는 것이었는데, 이왕이면 본토와 더 가깝고 철도로 연결되는 게 좋았다. 홋카이도의 하코다테나 오타루보다 북한의 원산항과 청진항이 훨씬 효과적이었던 셈이다. 결과적으로 소련은 2차 세계대전 승전 대가로 아시아에서는 북일본 대신 북한을 넘겨받은 것이다.

이로써 일본은 그들의 계략대로 완벽하게 부활했다. 졌지만 진 것이 아니었다. 2차 세계대전 직후 냉전으로 진입하는 지정학의 격변 속에서 자신의 부동산 가치를 최대한 활용해 미국의 엄청난 투자를 이끌어 냈던 것이다.

이때부터 아시아에서 미국의 일본 우선주의가 시작됐다. 80여 년이 흐르면서 미국은 일본에, 일본은 미국에 서로 떼려야 뗄 수 없는, 마치 뿌리가 다르지만 나뭇가지가 서로 엉켜 한나무처럼 자라는 연리지連理枝와 비슷한 관계가 된다.

왜 미국은
과거사 문제에서
우리 편을 들지 않을까

2015년과 2023년,
그리고 웬디 셔먼

"민족주의 감정은 여전히 악용될 수 있고, 정치 지도자가 과거의 적을 비난함으로써 값싼 박수를 받는 것은 어렵지 않다. 그러나 이런 도발은 지역 협력의 진전이 아니라 마비를 초래한다."

2015년 2월 말, 미국 국무부 웬디 셔먼 정무차관이 작심하고 발언을 했다. 미국 국무부 서열 3위인 고위급 관리가 사실상 한국을 향해 언제까지 과거사에 얽매여 있을 것이냐며 공개적으로 훈계한 것이다. 반대로 반성은커녕 과거사 지우기에 나선 일본 아베 정권을 대놓고 두둔했다. 당시 3.1절을 불과 하루 앞두고 나온 미국발 '값싼 박수' 발언에 우리나라는 발칵 뒤집혔다.

우리 정치권에서는 한목소리로 망언에 가깝다는 비난이 쏟아졌다. 당시 박근혜 정부도 상황이 엄중하다며 불쾌감을 드러냈다. 미국 안에서조차 부적절하다는 비판이 나왔다. [194] 논란이 커지자 셔먼은 그런 뜻이 아니었다고 일단 물러났고, 이 때문인지는 알 수 없으나 8개월 뒤에는 아예 물러났다.

대표적인 한반도통이자 베테랑 외교 관리가 발언의 후폭풍을 예상하지 못했을까? 이 때문에 그전까지 오바마 대통령마저 직접 나서서 일본군 위안부 문제를 공개 비판하던 민주당 내 기류가 달라진 것이 아니냐는 의구심이 커졌다. 그해 말 한국 정부가 일본으로부터 10억 엔을 받고 '최종적이며 불가역적으로' 해결됐다고 못 박은 위안부 합의가 전격적으로 타결됐다.

그로부터 8년 후. 2023년 2월 13일 우리 외교부 고위 관계자가 워싱턴 D.C.를 찾았다. 우리 정부가 일제 강제 동원 피해자 제3자 변제 방식을 다듬던 막바지였다. 이 관계자는 셔먼 국무부 부장관을 따로 만났다. 8년 전 "과거사를 거론해 값싼 박수를 받는다"라며 한국만 나무랐던 바로 그 웬디 셔먼이다.

셔먼은 우리 정부가 만든 해법을 무척 마음에 들어 했다고 한다. 이례적으로 백악관 뒤편에 있는 블레어 하우스로 우리 측 인사를 따로 불러 와인을 같이하며 오랜 시간 얘기를 나눴다. '값싼 발언'으로 값비싼 대가를 치렀던 셔먼은 예전처럼 공개적이며 거칠게 한국을 밀어붙이는 대신 이번에는 물밑에서 조용히 은은하게 압박하는 방식을 택했다.

2023년 3월 6일 한국 정부가 발표한 일제 강제 동원 피해자 배상 해법은 2015년의 위안부 합의와 여러모로 닮았다. 여덟 살 터울의 형제 같은 해법인 셈이다. 흥미로운 점은 위안부 합의가 오바마 집권 2기 3년 차에 나왔고, 강제 동원 배상 해법도 바이든 정권 3년 차에 나왔다는 점이다.

한일 관계의 최대 쟁점인 과거사 이슈가 공교롭게도 미국에서 차기 대선을 1년 앞둔 시기에 전격적으로 봉합된 것이었다. 다시 말해 오바마, 바이든 행정부 모두 다음 선거를 위해 외교적 성과가 필요한 시점에 한일 관계가 '급작스럽게' 개선됐다고 볼 수 있다.

아베가 준비한 스시를
먹다 만 오바마

미국은 2010년대 초반까지만 해도 한일 과거사 문제를 전통적 외교 노선에 맞게 인권 문제이자 미국식 자유민주주의 가치로 접근했다. 미국 민주당의 대외 전략은 자유, 인권 등 보편적 규범을 중시하는 것이다. 북한 인권 문제에 대해 공화당보다 더 적극적으로 비판할 때가 많은 것이 단적인 예다. 그래서 위안부 문제도 공개적으로 한국의 입장을 지지하고 일본을 지적하는 경향을 보여 왔다.

오바마 역시 아베 총리와 어느 정도 거리를 두려고 했다. 제프리 골드버그 기자가 미국의 외교 전문지 《애틀랜틱》에 기고한 글에 따르면, 2014년 4월 오바마가 일본을 국빈 방문했을 때 아베는 오바마를 스시집으로 초대하려고 했다. '초밥 외교'로 개인적 친분을 과시하려고 한 것이다. 그런데 오바마는 보여 주기식 스몰토크를 거절하고 안보와 경제 이슈를 정식으로 다루는 데 중점을 두자고 했다. 아베는 오바마의 냉담한 반응에 충격을 받은 것으로 전해졌다. [195]

결국 초밥집에 가기는 했으나 오바마는 아베가 준비한 스시를 절반만 먹고 젓가락을 내려놓았다고 해서 그 배경을 놓고 설왕설래했는데 의도가 있었음이 드러났다. 오바마가 일본을 국빈 방문을 하고도 아베 총리와 친분을 과시하는 이벤트를 꺼린 이유 중 하나는 한국의 눈치를 살펴야 할 필요가 있었기 때문이라고 골드버그 기자는 전했다. 당시 한일 관계가 과거사 문제로 삐걱대던 때라 오히려 한국을 자극할 수 있다고 판단했다는 분석이다.

게다가 오바마 역시 아베 정권이 과거사를 부정하며 우익 노선을 노골화하는 행태가 못마땅했다. 아베 정권의 반역사적 노선이 오히려 동북아 동맹 관계를 훼손하고 한국, 중국 등 주변국을 불필요하게 자극해 역내 안정을 해친다는 것이었다.

특히 아베가 두 번째로 총리직에 오른 지 1년여 뒤인 2013년 12월 전격적으로 야스쿠니 신사를 참배하면서 미국의 불만이 최고조에 달했다. 2차 세계대전을 일으킨 A급 전범들의 위패가 보관된 곳에 참배한다는 것은 마치 독일이 나치의 전쟁 범죄를 부정하는 것과 같다. 이 때문에 여러 차례 야스쿠니를 참배하지 말라는 메시지를 직간접적으로 전달했음에도 아베는 미국의 이런 우려를 정면으로 거스른 셈이었다.

일본 《니혼게이자이신문》에 따르면 아베의 야스쿠니 참배와 관련해 미 국무부의 성명 원안에는 '실망했다disappointed'는 문구가 없었으나 백악관 내 최종 조정 과정에서 '실망'이라는 표현이 들어갔으며, 그것을 주도한 인물이 바로 당시 부통령이었던 바이든이었다.[196]

미국은 2차 세계대전 이후 일본을 소련에 맞서는 방파제로 되살려 냈지만 그것은 어디까지나 안보 역할에 국한된 것일 뿐, 일본의 군국주의가 부활하는 건 철저히 경계해 왔다.

2012년 7월 힐러리 클린턴 당시 국무장관은 '위안부comfort women' 대신 '강제 성노예enforced sex slaves'라고 지칭해야 한다고 주장했다. [197] 그래야 보편적 가치를 훼손한 일제의 전쟁 범죄를 더 적확하게 부각할 수 있다는 것이었다. 오바마는 2014년 4월 한미 정상회담에서 "끔찍하고 지독한terrible, egregious 인권 침해"라며 우리 입장을 지지했다. 미국이 한국 편을 들어줄 때마다 일본은 "틀린 표현"이라며 매우 신경질적인 반응을 보였지만 달리 할 게 없었다.

국가 간 전쟁 범죄 같은 인권 문제는 '가해-피해/사과-용서/책임-배상'의 이항 대립이 명확한 문제에 속한다. 다시 말해 '둘 다 잘못 했다'는 양비론이나 '네가 억울해도 그냥 참으라'는 양보론으로는 해결될 수 없는 성격의 것이다.

형사재판소 대신
가정법원을 선택한 미국

그런데 2010년대 중반으로 넘어가며 미국 주류의 기류가 변하기 시작했다. 대략 2015년 전후를 기점으로 일본의 과거사 폭주를 공개적으로 나무라는 빈도가 눈에 띄게 줄어들었다. 위안부 문제는 이미 일본이 사과를 했는데도 한국이 계속 딴지를 걸며 문제 해결을 원치 않는다는 판단을 하게 된 것이었다. 이런 주장은 그동안 일본의 지원을 받는 단체들이 퍼트리던 논리였는데 이제 미국 정부, 그것도 민주당 정부에서 나오기 시작했다.[198] 앞서 웬디 셔먼의 '값싼 박수' 발언이 나오는 바로 그 시기와 일치한다.

바이든 대통령은 오바마 정권 시절 부통령으로서 막후에서 한일 간 위안부 합의를 중재했다. 임기 막판 《애틀랜틱》이 "지정학 치료사The Geopolitical Therapist-조 바이든 부통령과의 대화"라는 제목으로 바이든과의 인터뷰 기사를 실었는데, 바이든은 이렇게 회고했다. "나는 합의를 만드는 협상을 하지는 않지만 두 사람(박근혜·아베)과 개인적 관계를 맺고 있고 그들이 나를 신뢰했기 때문에 결국에는 교섭 담당자가 될 수 있었다. 부부관계를 복원시키는 '이혼 상담사' 같았다."[199]

부부싸움은 '가해-피해/책임-배상'이 명확히 구분되는 공적 영역이 아니다. 집안의 평화와 안녕을 위해 잘못이 없어도 먼저 접고 들어가거나 적당히 타협하는 '사과-용서'가 가능한 사적 영역이다.

한일 간 첨예하고 민감한 과거사 문제를 부부싸움에 비유하고, 스스로를 '이혼 상담사'로 규정한 것은 미국 정부가 이 문제를 어떻게 접근했는지를 단적으로 보여 준다. 다시 말해 당시 오바마 정부는 '위안부' 합의가 아니라 위안부 '합의'에 초점을 맞추고 있음을 실토한 것이었다.

미국은 이때부터 한일 과거사 갈등을 제대로 해결하기보다 빠르게 해결하는 데 더 관심을 보였다. 부부싸움은 누가 잘못했는지 따지는 것보다 서둘러 화해시키는 것이 더 중요하기 때문이다.

결국 미국은 형사재판소 역할을 포기하고 부부싸움을 중재하는 가정법원 역할로 스스로를 규정했다. 이 때문에 일제의 파렴치한 전쟁 범죄인 '강제 성노예' 배상 문제는 어느 순간 이혼 사유도 되지 않는 '칼로 물 베기' 수준의 다툼 정도로 중요도나 관심도가 낮아졌다. 한일 관계를 한 차원 새롭게 하는 주춧돌이 아니라 오로지 빨리 해소해야 할 걸림돌로 치부한 것이었다.

그동안 한국 편에 서서 2 대 1로 일본을 지적하던 미국이 어느새 일본 쪽으로 기울면서 이제 우리나라가 1 대 2로 밀리는 형국으로 바뀌었다. 그 연장선상에서 나온 것이 바로 8년 전 위안부 합의였다.

과거사에 대처하는
'오바이든' 정권의 자세

2023년 윤석열 정부가 일제 강제 징용 피해자 배상안을 발표하자 국내에서는 상당한 논란이 일었다. 정부는 일본과 관계 개선을 더는 미룰 수 없다며 '대승적 결단'이라고 양해를 구했다. 가해자인 일본 측이 배상을 거부한 것은 물론 강제 징용에 대한 사과조차 제대로 하지 않는데 왜 피해자인 우리 정부가 먼저 손을 내밀어야 하는지 이해할 수 없다는 목소리가 커졌기 때문이다. 상대의 선의에 기댄 선제 조치는 일반적인 외교 문법에서는 찾아보기 힘든 사례다.

그러나 국내 여론과 달리 미국의 반응은 뜨거웠다. 오바마 정부에서 위안부 합의에 직간접 개입했던 사람들이 바이든 정부의 외교 안보 라인 곳곳에 다시 포진했기 때문이다. "역사적 발표"라고 두 손 들고 환영한 블링컨 국무장관은 오바마 행정부 2기 국무부 부장관이었다. 말수는 줄이되 행동으로 보여 준 웬디 셔먼은 오바마 정부 정무차관직에서 물러났다가 바이든 정부 들어 국무부 부장관으로 승진해 돌아왔다. 무엇보다 현지 시간 한밤중임에도 "신기원적인 새 장ᵃ groundbreaking new chapter을 장식할 것"이라며 환영한 바이든 대통령조차 오바마 정부의 부통령이었다. 한마디로 오바마 정부의 '부vice'들이 모여 만든 게 바로 바이든 행정부였다.

결국 오바마 8년, 바이든 4년을 합친 12년의 '오바이든' 정권은 한일 과거사 문제를 인권이라는 보편적 가치의 관점에서 벗어나 점차 안보 이슈의 하위 개념으로 바라보기 시작했다.

2024년 3월 28일 목요일 뉴욕 라디오 시티 뮤직홀에서 열린 행사에 참여한 조 바이든(오른쪽) 대통령과 버락 오바마(왼쪽) 전 대통령.

사진: 연합뉴스

미국의 가려운 곳을
알아서 긁어 주는 일본

2010년대 들어 중국이 급부상하자 오바마 정부는 본격적으로 중국 견제에 대한 필요성을 느꼈다. 이 과정에서 '아시아 재균형 rebalancing' 전략이 힘을 얻게 되는데, 정작 중국의 강한 반발에 부딪힌다. 자유주의 국제 질서를 주장해 온 미국이 타당한 이유도 없이 중국을 압박하는 게 말이 되느냐는 반발이었다.

영화 〈범죄와의 전쟁〉에서 주인공인 하정우는 경쟁 세력을 제압하고 나이트클럽을 차지하자는 최민식의 주장에 대답을 주저하며 "명분이 없다 아입니까. 명분이"라고 말한다. 아무리 주먹으로는 백번 이기더라도 무작정 힘으로 밀어붙이는 데는 한계가 있다는 것이다. 조폭 세계에도 룰이라는 게 있는데 하물며 국제 관계는 오죽할까.

마침 미국의 고민을 덜어 준 게 바로 아베 정권이었다. 아베는 첫 번째 총리 임기였던 2007년 처음으로 인도를 방문해 '자유롭고 열린 인도태평양' 아이디어를 내놓았다. [200] 인도양과 태평양이 자유롭게 이어지려면 그 사이에 있는 남중국해가 열려야 하는데, 이곳은 중국이 점차 세력을 넓혀 가는 앞마당과 같은 곳이다. 이 때문에 인도태평양 개념은 중국의 해양 진출을 막는 그럴 듯한 개념으로 부각됐다. 미국 입장에서는 이보다 더 그럴듯한 명분이 없었다. 한마디로 무릎을 탁 치게 만드는 '유레카'였다.

게다가 일본은 2차 세계대전 이후 국토가 분할될 운명에서 구사일생한 뒤 미일 동맹을 항상 최우선으로 삼아 왔다. 정권 교체가 빈번한 대다수 민주 국가와 달리 일본은 자민당 정권이 장기 집권을 해 왔는데, 자민당 역시 미일 관계에 둘째가라면 서러울 정도로 진심이다. 오바마 입장에서는 당시만 해도 중국 역할론에 기대를 걸고 있던 박근혜 정부보다 기다렸다는 듯 미국의 가려운 곳을 긁어 준 아베 정권에 더 기울 수밖에 없었다.

평소 제멋대로 행동하고 이기적이던 둘째를 점잖게 혼내던 큰형이 어느 날부터 옆 동네로 이사 온 힘센 깡패를 막는 것이 우선이라고 생각한다. 그러면서 둘째를 나무라는 것을 그만두고 형제끼리 힘을 합쳐야 한다고 강조한다. 둘째 형이 억지를 부린다며 말려 달라고 호소하던 막내는 어느덧 철없이 떼만 쓰는 아이처럼 보인다.

미국은 중국 견제라는 목표에 몰두한 나머지 과거사 문제만큼은 한국 편을 들어주던 태도에서 벗어나 이제 한일을 화해시키는 데 우선순위를 둔다. 보편적 인권 문제인 과거사 이슈가 미국의 아시아 안보 전략의 하위 문제로 변화되는 순간이다. 미국이 이랬다저랬다 하는 사이 가장 손해를 보는 쪽은 바로 일본 옆에 있는 한국이다.

주

1   김봉중, 《미국을 움직이는 네 가지 힘》, 2019, p. 284.

2   강준만, 《권력은 사람의 뇌를 바꾼다》, 2020, p. 138.

3   《권력은 사람의 뇌를 바꾼다》, p. 137.

4   박홍민·국승민, 《미국에서 본 미국정치》, 2023. p. 28.

5   《미국에서 본 미국정치》, pp. 27~28.

6   북부 민주당과 비교해 남부 민주당으로 부르기도 한다.

7   《미국에서 본 미국정치》, p. 36.

8   《미국에서 본 미국정치》, p. 53.

9   《미국을 움직이는 네 가지 힘》, p. 249.

10   《미국을 움직이는 네 가지 힘》, p. 250.

11   니컬러스 존 스파이크먼, 《강대국 지정학》, 2023, p. 75.

12   조지 프리드먼, 《다가오는 폭풍과 새로운 미국의 세기》, 2020, pp. 68~69.

13   지식브런치, 《삶이 허기질 때 나는 교양을 읽는다 2》, 2023, p. 331.

14   팀 마샬, 《지리의 힘》, 2016, p. 63.

15   《삶이 허기질 때 나는 교양을 읽는다 2》, p. 332.

16   《다가오는 폭풍과 새로운 미국의 세기》, p. 71.

17   《지리의 힘》, p. 65.

18   《다가오는 폭풍과 새로운 미국의 세기》, p. 88.

19   존 J. 미어샤이머, 《강대국 국제정치의 비극》, 2011, p. 489.

20   "X" the source of soviet conduct, *Foreign Affairs*. xxv. (Jul 1947).

21   존 루이스 개디스, 《미국의 봉쇄전략》, 2019, p. 48.

22   조지 F. 케넌, 《조지 케넌의 미국 외교 50년》, 2013, pp. 275~276.

23   《미국의 봉쇄전략》, p. 104.

24   《미국의 봉쇄전략》, p. 158.

25   마이클 베클리·할 브랜즈, 《중국은 어떻게 실패하는가》, 2023, p. 241.

26   《미국의 봉쇄전략》, p. 202.

27   《강대국 지정학》, p. 100.

28   스테티스타, https://www.statista.com/chart/28107/sports-followed-by-americans/

29   포브스, https://www.forbes.com/sites/mikeozanian/2022/09/08/the-worlds-50-most-valuable-sports-teams-2022/?sh=3cbc67d6385c

30   Walter Prescott Webb "The Great Frontier" (Lincoln: University of Nebraska Press, 1980 [1951]), p. 2.

31   앨런 그린스펀·에이드리언 울드리지, 《미국 자본주의의 역사》, 2020, p. 216.

32   《미국을 움직이는 네 가지 힘》, p. 17.

33   《미국을 움직이는 네 가지 힘》, p. 7.

34   《미국 자본주의의 역사》, p. 217.

35   김동기, 《달러의 힘》, 2023, pp. 84~85.

36   김태유·김대륜, 《패권의 비밀》, 2017, p. 300.

37   《미국 자본주의의 역사》, pp. 89~90.

38   《미국 자본주의의 역사》, p. 84.

39   《패권의 비밀》, p. 300.

40   《미국 자본주의의 역사》, p. 119.

41   문석기, 《무엇이 강대국을 만드는가》, 2023, p. 183.

42   《미국 자본주의의 역사》, p. 116.

43   《패권의 비밀》, p. 305.

44   《패권의 비밀》, pp. 318~319.

45   미국 연방의회, https://constitution.congress.gov/browse/article-1/

46   《미국 자본주의의 역사》, p.23.

47   장하준, 《그들이 말하지 않는 23가지》, 2010, pp.144~145.

48   김선화, "미국 대통령 선거제도의 변화와 쟁점", 《공법학연구》, 2012.11. p.6.

49   허경주, "2억 명이 투표소 향한다…오늘 '슈퍼 선거' 치르는 인도네시아", 《한국일보》, 2024.02.14.

50   김선화, _____ p.11.

51   미국 인구조사국(2023년 7월 1일 기준), https://www.census.gov/data/tables/time-series/demo/popest/2020s-state-total.html

52   https://fairvote.org/resources/presidential-elections/

53   Stephanie Saul·Reid J. Epstein, "Trump Is Pushing a False Argument on Vote-by-Mail Fraud. Here Are the Facts", *The New York Times*, 2020.09.28.

54   "Exit poll results and analysis for the 2020 presidential election", *The Washington Post*, 2020.12.14.

55   미국정치연구회, 《트럼프는 어떻게 미국 대선의 승리자가 되었나》, 2017, p.282.

56   마이클 린치, 《우리는 맞고 너희는 틀렸다》, 2020, pp.128~129.

57   《트럼프는 어떻게 미국 대선의 승리자가 되었나》, p.278.

58   《트럼프는 어떻게 미국 대선의 승리자가 되었나》, p.299.

59   《우리는 맞고 너희는 틀렸다》, 2020, pp.132~133.

60   《트럼프는 어떻게 미국 대선의 승리자가 되었나》, p.300.

61   김종우 "트럼프의 '앤드루 잭슨과 동일시' 전략…득 될까 독 될까", 〈연합뉴스〉, 2017.02.21.

62   마이클 울프, 《화염과 분노》, 2018, p.257.

63   "트럼프의 '앤드루 잭슨과 동일시' 전략…득 될까 독 될까", 〈연합뉴스〉, 2017.02.21.

64   《미국에서 본 미국정치》, p.95.

65   《화염과 분노》, p.26.

66   《화염과 분노》, pp. 30~31.

67   《화염과 분노》, p. 41.

68   미국은 각 행정부마다 대외 전략 방침을 집대성한 NSS를 발표하는데, 바이든 행정
      부의 경우 우크라이나 전쟁으로 미뤄지다가 집권 2년 차 후반인 2022년 10월에야
      공개됐다.

69   https://www.whitehouse.gov/wp-content/uploads/2022/10/Biden-Harris-
      Administrations-National-Security-Strategy-10.2022.pdf

70   유지혜, "美 반대는 어리석은 베팅?…9년 전 朴 대화에 바이든 '답' 있다", 《중앙일
      보》, 2022.05.22.

71   지금은 '대통령실'로 명칭이 변경됐으나 당시의 역사성 때문에 청와대로 표현한다.

72   정제윤·신진, 《청와대 마지막 대통령, 5년이 외교 비하인드》, 2022, p. 138.

73   《화염과 분노》, p. 192.

74   장재은, "바이든 '바이 아메리칸' 트럼프 '아메리카 퍼스트' 2.0 되나", 〈연합뉴스〉,
      2021.01.26.

75   《트럼프는 어떻게 미국 대선의 승리자가 되었나》, p. 329.

76   로버트 케이건, 《밀림의 귀환》, 2018, p. 29.

77   https://www.pewresearch.org/politics/2016/05/05/public-uncertain-divided-
      over-americas-place-in-the-world/

78   피터 자이한, 《각자도생의 세계와 지정학》, 2021, pp. 47~48.

79   Joe Biden, "Why America Must Lead Again? Rescuing U.S. Foreign Policy
      After Trump", *Foreign Affairs*, March/April 2020.

80   《조지 케넌의 미국 외교 50년》, p. 362.

81   김영준, "이미 본류가 된 트럼피즘…바닥 정서 읽는 외교가 필요하다", 《중앙일보》,
      2024.01.17.

82   《미국 자본주의의 역사》, p. 315.

83   《다가오는 폭풍과 새로운 미국의 세기》, pp. 137~138.

84   존 J. 미어샤이머, 《미국 외교의 거대한 환상》, 2020, p. 263.

85   그레이엄 앨리슨, 《예정된 전쟁》, 2017, p. 310.

86   《다가오는 폭풍과 새로운 미국의 세기》, p.131.

87   유발 하라리, 《사피엔스》, 2018, p.284.

88   조지 레이코프, 《코끼리는 생각하지 마》, 2018, p.196.

89   《다가오는 폭풍과 새로운 미국의 세기》, p.132.

90   노엄 촘스키, 《촘스키, 실패한 국가, 미국을 말하다》, 2006, p.184.

91   《촘스키, 실패한 국가, 미국을 말하다》, pp.230~231.

92   《미국 외교의 거대한 환상》, p.265.

93   한스 모겐소, 《국가 간의 정치1》, 2014, p.290.

94   《지리의 힘》, p.71.

95   《국가 간의 정치1》, p.202.

96   월드뱅크, https://data.worldbank.org/indicator/NE.EXP.GNFS.ZS?end=
      2022&most_recent_value_desc=false&start=1960&view=map

97   윌리엄 L. 실버 《막다른 길의 선택들》, 2023, p. 41.

98   《막다른 길의 선택들》, p. 55.

99   《중국은 어떻게 실패하는가》, p.247.

100   《밀림의 귀환》, pp.36~37.

101   《미국의 세기는 끝났는가》, p.13.

102   《밀림의 귀환》, p.47.

103   《예정된 전쟁》, p.311.

104   《미국의 세기는 끝났는가》, p.13.

105   《밀림의 귀환》, p.204.

106   《예정된 전쟁》, p.7.

107   Graham Allison, "'Thucydides's trap has been sprung in the Pacific",
      FINANCIAL TIMES, 2012.08.21.

108   Allison, "The Thucydides Trap: Are the U.S. and China Headed for War?", *The
      Atlantic*, 2015.09.24.

109   《예정된 전쟁》, p.8.

110 《예정된 전쟁》, pp. 20~21.

111 Joseph S. Nye, "The Kindleberger Trap" Harvard Kennedy School Belfer Center for Science and International Affairs, 2017.01.09. (https://www.belfercenter.org/publication/kindleberger-trap)

112 《밀림의 귀환》, p. 51.

113 Rober Kagan, "The America trap: Why our enemies often underestimate us", *The Washington Post*, 2023.01.19.

114 《막다른 길의 선택들》, pp. 182~183.

115 마이클 그린, "두 개의 함정과 한국의 대전략", 《중앙일보》, 2023.07.28.

116 Alan Blinder, "PGA Tour and LIV Golf Agree to Alliance, Ending Golf's Bitter Fight", *The New York Times*, 2023.06.06.

117 김필규, "사우디·이란, 중국 중재로 악수…미국선 '바이든, 뺨 맞은 격'", 《중앙일보》, 2023.03.13.

118 정의길, "미국은 왜 중동에서 지는 전쟁을 계속하나", 《한겨레》, 2020.01.13.

119 《각자도생의 세계와 지정학》, p. 265.

120 《조지 캐넌의 미국 외교 50년》, p. 37.

121 네이버 지식백과, https://terms.naver.com/entry.naver?docId=938449&cid=43667&categoryId=43667

122 《각자도생의 세계와 지정학》, p. 467.

123 최윤식, 《2050 미중 패권전쟁과 세계경제 시나리오》, 2023, p. 70.

124 이주영, "시진핑 환대하는 빈살만…미국·사우디 '일부일처 시대' 종식", 〈연합뉴스〉, 2022.12.08.

125 《각자도생의 세계와 지정학》, pp. 442~446.

126 《예정된 전쟁》, p. 79.

127 얼마나 충격적이었는지 이후 'Nixon goes to China'는 이념적 적대 세력과 화해하거나 그에 버금가는 정치적 효과를 일으킬 때 쓰는 관용적 표현이 된다.

128 《중국은 어떻게 실패하는가》, p. 70.

129 《중국은 어떻게 실패하는가》, p. 111.

130 《중국은 어떻게 실패하는가》, p.112.

131 《예정된 전쟁》, p.331.

132 이언 윌리엄스, 《용의 불길, 신냉전이 온다》, 2023, p.367.

133 즈비그뉴 브레진스키, 《거대한 체스판》, 2000, p.214.

134 《예정된 전쟁》, p.176.

135 《중국은 어떻게 실패하는가》, p.58.

136 《중국은 어떻게 실패하는가》, p.116.

137 Hillary Clinton, "America's Pacific Century", *Foreign Policy*, 2011.10.11.

138 '회귀pivot'라는 단어에는 중동 지역에 집중 배치됐던 군사 자산을 미 태평양사령부로 전환하고 아시아 지역 군사 동맹을 강화하겠다는 의도가 담겨 있다. 이 때문에 중국의 반발이 거세졌고, 미국은 '회귀' 대신 '재균형시킨다rebalancing'는 순화된 용어를 사용하기 시작했다. 《트럼프는 어떻게 미국 대선의 승리자가 되었나》, p.347.

139 《예정된 전쟁》, p.34.

140 Kenneth G. Lieberthal, "The American Pivot to Asia", *Brookings*, 2011.12.21. https://www.brookings.edu/articles/the-american-pivot-to-asia/

141 《예정된 전쟁》, pp.34~35.

142 《중국은 어떻게 실패하는가》, p.113.

143 William Safire, "Essay; The Biggest Vote", *The New York Times*, 2000.05.18.

144 이성헌, "미국의 '구걸'… 북한이 보는 미중관계", 《한국일보》, 2023.08.01.

145 William Mauldin, Michael R. Gordon, "Blinken Backs Tough Approach to China, Says Will Work With GOP", *THE WALL STREET JOURNAL*, 2021.01.19.

146 《화염과 분노》, p.24.

147 Richard McGregor, "US and China - the great decoupling", *NIKKEI ASIA*, 2018.10.22. https://asia.nikkei.com/Opinion/US-and-China-the-great-decoupling

148 정하용, "바이든 행정부 후반기 대중 정책: 배제decoupling와 관리derisking", 세종연구소, 《정세와 정책》, 2023.08.

149 임철영, "영원한 것은 없다, 글로벌 기업 흥망성쇠", 《아시아경제》, 2012.06.18.

150 "바이든 시대 불붙은 미중 패권 경쟁", 〈시사기획 창〉 KBS, 2021.1.23.

151 손우성, "유엔 '인도 인구, 이달 말 중국 추월한다'", 《경향신문》, 2023.04.25.

152 박재하, "中 인구 1위 뺏기자 시진핑 "적정 인구수 유지"", 〈뉴스1〉, 2023.05.08.

153 박종국, "연애 장려 나선 중국 대학…"꽃구경·연애하라" 7일간 봄방학", 〈연합뉴스〉, 2023.03.23.

154 윤영관, "너무 빨리 도광양회 버린 중국의 대가", 《중앙선데이》, 2023.02.04.

155 《거대한 체스판》, p.70.

156 《미국 외교의 거대한 환상》, p.290.

157 《미국 외교의 거대한 환상》, p.295.

158 우크라이나 전쟁의 원인과 관련해 나토의 동진과 확대보다는 푸틴 개인의 정치적 이해에 초점을 맞추는 견해도 존재한다. 러시아가 역내에서 과거의 영향력을 되찾기 위해 자유주의 질서가 흔들려야 한다는 주장이다. 케이건은 "나토의 확대는 러시아의 안보보다 러시아가 역내의 이익 권역을 재주장할 역량과 동부 및 중부 유럽에서 지배적인 국가로서 지위와 세계 무대에서 미국에 맞먹는 국가로서 입지를 되찾을 역량을 훨씬 더 위협했다"라며 "고르바초프가 레이건 시대의 군비 증강에 대해 우려한 정도보다 푸틴이 오바마 정권 때 미국이나 나토의 위협에 대해 더 우려했을 가능성은 희박하다"라고 주장했다. 《밀림의 귀환》, p.145.

159 https://www.nato.int/nato_static_fl2014/assets/pdf/2022/6/pdf/290622-strategic-concept.pdf

160 이해영, 《우크라이나 전쟁과 신세계 질서》, 2023, p.232.

161 Tayler Jeffrey, "How to Win Friends Influence Putin", Foreign Policy, 2014.12.26.

162 George F. Kennan, "A Fateful Error", The New York Times, 1997.02.05.

163 《거대한 체스판》, p.81.

164 Charles Kupchan, "Putin's war in Ukraine is a watershed. Time for America to Get Real", *The New York Times*, 2022.04.11.

165 조성흠, 조준형, "'반미연대'로 뭉친 시진핑·푸틴 '美, 세계안정 훼손 말라'", 〈연합뉴스〉, 2023.03.22.

166 김철중, 조은아, "손 맞잡은 시진핑-푸틴 "北에 대한 한미일 군사적 위협 반대"", 《동아일보》, 2024.05.17.

167 Marianne LeVine, "Trump says he'd disregard NATO treaty, urge Russian attacks on U.S. allies", *The Washington Post*, 2024.02.10.

168 Gabrielle Wilde, "America WILL '100%' stay in Nato: Donald Trump vows to back EU countries IF they 'pay their fair share'",*GBNEWS*, 2024.03.19.

169 김경희, "美 "한일 강제징용 역사적 해법…한미일 삼각관계 강화"(종합)", 〈연합뉴스〉, 2023.03.07.

170 2018년 한국 대법원의 확정 판결에 따라 일본의 피고 기업들이 일제 강제 동원 피해자들에게 배상금을 지급해야 함에도 일본 측은 이를 거부해 왔다. 이 때문에 한일 관계가 교착 상태에 빠지자 윤석열 정부는 2023년 3월 6일 이른바 제3자 변제 방식의 해법을 먼저 제시한다. 즉 일본 측이 내야 할 배상금을 한국 정부 측 재단이 대신 지급하는 방식이다. 승소가 확정된 피해자에게 일본의 피고 기업 대신 행정안전부 산하 일제강제동원피해자지원재단의 재원으로 판결금과 지연 이자를 지급한다는 게 골자다. 재단 측은 2023년 말 현재 1차 소송 당사자 15명 중 이 방안을 수용한 11명에게 배상금을 지급했고, 거부한 나머지 4명 몫에 대해서는 법원에 공탁하는 방법을 추진했다. 그러나 법원이 피해자가 원하지 않는 공탁금에 대해서는 받아들일 수 없다며 잇따라 불수용 결정을 내리면서 제3자 해법을 둘러싼 실효성 논란이 이어지고 있다.

171 Michael J. Green, "Never Say Never to an Asian NATO", *Foreign Policy*, 2023.09.06.

172 김동기, 《지정학의 힘》, 2022, p.128.

173 대한민국 정책브리핑(www.korea.kr).

174 최용섭, 《신냉전에서 살아남기》, 2022, p.21.

175 https://www.csis.org/events/previewing-prime-minister-kishidas-visit-washington-conversation-two-ambassadors

176 김준형, "아베 정부의 안보 정책 전환과 미국의 재균형 전략", 《아세아연구》 58(4), pp.42~71.

177 이설, "北, 대미용 ICBM 발사 이어 '대남 전술핵' 방사포 발사도 주민에 알려", 〈뉴스1〉, 2023.02.21.

178 이제훈, "문정인 교수 '미는 모든 것 얻고, 일은 얻은 게 많고, 한국은 안보 위험 떠안 아'", 《한겨레》, 2023. 08. 24.

179 윤상호, "美 우주사령부에 日 자위대 연락장교 상시 배치"…우주 향하는 美日 동 맹", 《동아일보》, 2021. 04. 05.

180 《조지 케넌의 미국 외교 50년》, p. 339.

181 이도선, "김정일 미사일 시험발사 중단 시사(2보)", 〈연합뉴스〉, 2000. 10. 24.

182 이제훈, "김정일-클린턴 정상회담, 신기루처럼 사라지다", 《한겨레》, 2022. 04. 18.

183 민정훈, "트럼프 대통령의 정치적 목적과 북한 비핵화 프로세스", 《국방연구》, 제61 권 3호.(2018. 09).

184 Adam Taylor, "Trump's dream of a Nobel Peace Prize kept alive by far-flung foreign allies", *The Washington Post*, 2020. 10. 09.

185 민정훈, _____, 《국방연구》, 제61권 3호.(2018. 09), pp. 104~105.

186 최종건, 《평화의 힘》, 2023, p. 149.

187 김형구, "캠프 데이비드 3국 회담 6개월 뒤 흘러나오는 '한국 소외론'", 《중앙일보》, 2024. 03. 01.

188 《조지 케넌의 미국 외교 50년》, pp. 157~158.

189 《지정학의 힘》, pp. 113~114.

190 강효백, "일본의 4국 분할이 한국의 남북 분할로 바뀌게 된 사연", 《아주경제》, 2021. 07. 07.

191 《조지 케넌의 미국 외교 50년》, pp. 335~336.

192 《지정학의 힘》, p. 230.

193 《지정학의 힘》, p. 231.

194 강의영, "미 보수언론 셔먼 질타…'값싼 박수 받으려는 쪽은 당신'", 〈연합뉴스〉, 2015. 03. 08.

195 Ankit Panda, "How Obama Views Asia-Pacific Leaders", *THE DIPLOMAT*, 2016. 03. 21.

196 조준형, "[팩트체크] 바이든은 '친일' 인사다?", 〈연합뉴스〉, 2020. 11. 06.

197 홍다영, "클린턴 美장관 "위안부 대신 '일본군 성노예'로 표현하라"", 《불교신문》,

2012.07.09.

198   《신냉전에서 살아남기》, p. 16.

199   Steve Clemons, "The Geopolitical Therapist A conversation with Vice President Joe Biden", *The Atlantic*, 2016.08.26.

200   정열, "아베의 또 다른 유산…'인도·태평양과 쿼드의 아버지'", 〈연합뉴스〉, 2022.07.13.